なぜ御社の広報活動は成果が見えないのか？

可視化・数値化・省力化を加速するDXの進め方

渡辺幸光

プラップノード 株式会社 代表取締役 CEO

宣伝会議

はじめに

本書は、悩みの尽きない「広報・PR」という業務に携わっている人々の負担感を、DX（デジタル・トランスフォーメーション）によって軽減するための本です。特に日常業務が多すぎて、何をどこから改善していいのかわからないという人に、どのようなゴールを打ち立てて、どのようにしてそこに向かうべきかという方法論についてまとめています。

筆者は広報SaaS「PRオートメーション」を開発・販売・運用しているプラップノード株式会社で代表をしています。当社は2020年3月にCOOの雨宮徳左衛門と共に立ち上げた会社なのですが、我々2人がこの会社を立ち上げ、サービス開発に乗り出したのも、全く同じ理由からでした。

筆者は複数のサイト制作会社から、外資系のPR会社、広告代理店を経て、2014年に日本でも有数のPR会社であるプラップジャパンに入社した人間です。一貫してデジタル畑でキャリアを積んできたこともあり、プラップジャパンでもデジタル担当として働き始めたわけですが、当時の広報業務は広告業界と比較してデジタル化が進んでおらず、かなり驚いたことを覚えています。

「PRオートメーション」というSaaSツールの開発も、プラップジャパンの優秀な若手社員から「広告やPRのアワードを狙えるような仕事がしたいが、勉強する時間がなかなか作れない」「プロボノなどに取り組みたいが、日中の業務が忙しすぎる」といった相談を受けたことがきっかけとなりました。こうした若者たちをデジタル技術によって救いたいと、同じ思いを持っていた同僚の雨宮と一緒に考えたことから始まったのです。それは折しも、DXという言葉が話題になり始めた頃の話です。

プラップジャパンは業界内でも有数のホワイト企業として認知されていますが、それでもかつてはこのような状況でした。現在はデジタル化のみならずさまざまな環境改善が功を奏し、こうした悩みはずいぶん減ったと聞いています。しかし、広報業界を見渡してみると多くの企業でも若いPRパーソンが似たような思いを抱えているという話を耳にし、デジタル化を通じた効率化の進め方について本書をまとめたいと考えた次第です。

そもそも広報は、会社全体の評判を第三者評価などを通じて高めていくという、経営とも密接に関係した業務です。CSRやブランディング活動を通じて会社の認知を得ると同時に、不都合が生じた時には矢面に立って対応するなど幅広いアクションを求められます。しかし毎日の雑務に追われ、本質的な活動をできなかったりゴールを見失いがちになったりするという声も多く聞かれます。

特に現在はメディアのデジタル化やＳＮＳの普及が進み、広報を取り巻く環境は大きく様変わりしました。ただでさえ煩雑な業務を多く抱えている広報担当者が、新たな環境の変化に適応していくのは非常に大変な労力を要します。ややもすると今まで通りに仕事をしていても良いだろうとメディア環境の変化に目をつぶりたくなるかもしれませんが、それでは第三者から高い評価を得るという広報の最終的なゴールが遠ざかりかねません。

この本では、ゴールを見失うことなく多数の業務を効率的にこなしながら、いかに広報を令和の時代に即した形にアップデートさせていくかについて論じました。広報のゴールを目指した活動の中でも、特に対外的に情報発信していく上で気をつける点を、登山に見立ててわかりやすく説明したつもりです。

第１章では、広報を取り巻く環境の変化として、この30年でメディアのデジタル化がどのように進展したのかを解説します。デジタル広告やデジタルマーケティングの進化に対し、広報が出遅れた原因についても分析しています。

第２章は、広報関連では唯一のデジタル化と言えるワイヤーサービスの進化と、なぜそれが広報のＤＸに貢献しなかったのか・・・・・・を明らかにします。広報作業のデジタル化が遅々として進まず、その結果が効果測定方法の時代遅れな状況に拍車をかけてしまった実情についてもお伝えします。

第３章からは、こうした状況に対する処方箋です。この章では、まず弊社が提唱する「広報欲求５段階説」と会社の組織図を使って、自社の広報部がどの立ち位置にいるのかという現状確認方法を解説します。広報という峻険な山の何合目にいるのかを把握するイメージで読み進めていただければと思います。

第４章では、広報業務に活用できる「広報資産」という概念を紹介します。広報資産の種類とその見つけ方や育て方について解説するとともに、社内に広報活動の成果をフィードバックする方法などについても触れています。登山に際して身につけるギア（用具）を確認するイメージとお考えください。

第５章では目指す山頂と、そこに至るルートについて検討します。具体的にはＫＧＩの設定の仕方と、そのゴールに到達するためのＫＰＩツリーの作り方です。営業やマーケティングとは異なる、広報特有の課題解決のための「独立変数・従属変数」という考え方を提案します。

第６章は、広報の世界でも話題を集めている生成ＡＩの活用方法です。プラップノードで取り組んできたＡＩ活用術について説明するとともに、利用にあたっての注意点についてもお伝えします。

広報という仕事は、本来はとてもクリエイティブでダイナミックな仕事ができる、企業の中でひときわ輝く部署であるべきだと筆者は考えています。先に待ち構えるのは険しい山道ではありますが、この本を道標としてぜひＤＸを実現させ、広報部にしかできない、会社と社会がよりポジティブな関係を築くための業務に専心していただきたいと考えています。

渡辺　幸光

第1章 なぜ広報はデジタルに「開国」できなかったのか

第2章 なぜワイヤーサービスはDXにつながらないのか

第3章

「広報ステージ」を明確にする

第4章

「広報資産」を可視化すれば広報は強くなる

第5章 広報の成功に必要な「KPIツリー」を作る

第6章

省力化を実現する広報の新しいパートナー「生成ＡＩ」

終わりに

第1章

なぜ広報はデジタルに「開国」できなかったのか

1-1

広報のデジタル化とは何を指すか

平成末期から令和にかけてＤＸ（デジタル・トランスフォーメーション）というワードが沸騰しました。今のバズワードは生成ＡＩであり、しかもそれすら少し聞き飽きた感がありますが、とはいえ各企業にとってＤＸは依然としてホットイシューであることには間違いありません。

ＤＸを実現するためには、その前段階として社内の種々の情報がデジタル化されている必要があるのですが、その時点でつまずいている企業や業界はまだまだ多いという印象を受けます。事実、スイスのビジネススクール「国際経営開発研究所」（ＩＭＤ：International Institute for Management Development）が公表している「世界デジタル競争力ランキング」２０２３年版でも日本は64か国32位、Ｇ７の中だと６位と低迷しています。

ところで、まず初めに、デジタル化の意味するところを確認しておきましょう。デジタル化は「デジタイズ」と「デジタライズ」という、２つの意味を持ちます。

経済産業省の「DXレポート２（中間とりまとめ）」（令和２年12月28日）によれば、デジタイズとは「アナログ・物理データのデジタルデータ化」を指します。例えば紙のカタログをPDF化するとか顧客情報をデータベース化するというもの。他方、デジタライズは「個別の業務・製造プロセスのデジタル化」であり、それによって業務効率を最大化することを指します。言い換えると「ビジネス・プロセスのデジタル化」と定義されます。

広報業務にDXを持ち込む際には、その前段としてデータやプロセスがデジタル化（デジタイズ／デジタライズ）されている必要がありますが、では広報のデジタル化とは一体何を指すのでしょうか。

筆者が考える広報のデジタル化とは大きく分けて２つ、①メディアのデジタル化によりもたらされた広報手法のデジタル化と、②広報活動をする上での作業のデジタル化です。

作業のデジタル化については、ワイヤーサービスを例に挙げつつ第２章で説明しますが、まずこの章では、メディアのデジタル化がいかに進展したか、そしてその周辺に位置する広告や広報・PRはその変化にどう対処したかということから検証していきます。

1-2

インターネットと共に進化するデジタルメディア

■ すべての始まりは、ウィンドウズ95から

インターネット上に流通する情報のデータ量は「ゼタバイト」という単位で表現されています。ゼタバイトとは聞き慣れない言葉ですが、馴染みのある単位「ギガバイト」に換算すれば、1ゼタバイト＝1兆ギガバイトという莫大な量です。2020年に全世界で生成、取得、複製、消費されたデータの総量は64・2ゼタバイトに上るとみられており、2025年には180ゼタバイトに達するとの予測もなされています（Statista Japan社）。このような状況下にあっては、情報を扱うメディアそのものの形も、大きく変化せざるを得ないことは想像に難くありません。

インターネット登場前夜、メディア環境は非常に牧歌的でした。テレビといえば、地上波のみ。新聞は、全国紙と地域に根ざしたブロック紙や地方紙にほぼ限られていました。雑誌は専門誌を含めて多数発行されていたものの、例えば女性向けファッション誌であ

れば「赤文字系」「青文字系」といったレベルで大別していれば事足りる程度という状況でした。ちなみに、赤文字系は『CanCam』や『JJ』などのモテ系女子大生向けのファッション誌であり、青文字系はかつての『Zipper』（２０１７年12月号をもって休刊・２０２２年にコンセプトを変えて復刊）や『CUTiE』（２０１５年９月号をもって休刊）などの個性的なファッションを好む女性向けの雑誌のことを指します（現在はファッション誌もターゲットが細分化されており、この限りではありません）。

しかし、１９９５年、ウィンドウズ95の登場を皮切りに、日本のデジタルメディアは急速に発展を遂げていきます。その後もテクノロジーの進展とともに、メディアも進化を余儀なくされました。ここではテクノロジーが進化するにつれメディアが変化していく様を、期を区切って振り返ります。

▣ デジタルメディアの歴史

・デジタルメディア黎明期（1995〜2002）

日本のデジタルメディアは、１９９５年の6月に『YOMIURI ONLINE』の登場で幕を開けました。１９９５年といえば、すでにバブル経済は破綻し、日本経済は混迷を極めていましたが、当時はそれでもまだ新聞社各社は潤沢な資金を保有していました。そのため、読売新聞がインターネット上にメディアを立ち上げると、朝日新聞の『asahi.com』や毎日新聞の『JamJam』、日本経済新聞の『NIKKEI NET』、産経新聞の『Sankei Web』などが、そこから1年程度の間に次々と登場しました。このように日本のウェブメディアは大手新聞社に端を発しましたが、当時はまだ新聞に出ている文字情報をインターネット上にも置いたもの（いわゆるデジタイズの状態）でしかありませんでした。

１９９５年にウェブメディアが誕生したのは、その年の11月にウィンドウズ95が日本でも発売予定にあったことがその理由です。アメリカでは１９９５年8月25日に一足早く発売されており、日本版の発売開始に間に合うように、まずは大手新聞社が自社コンテンツによるデジタル媒体を用意したのです。

こうして全国紙が先導し、『夕刊フジ』や『日刊スポーツ』などの夕刊紙やスポーツ紙が追従する形で、特に新聞を中心とするマスメディア系のニュースメディアが数多く登場したのが、この黎明期でした。

１９９６年1月には、その後のニュースサイト界の巨人となる『Yahoo! Japan』が登場し、同年12月にはニュースの掲載を開始。それを追いかけるように『BIGLOBE』『goo』『infoseek』『@nifty』などのＩＳＰ（インターネット・サービス・プロバイダー）が、自社のポータルサイト内にニュースを掲載するようになりました。

またこうした大手新聞社やポータル系のサイトとは別に、趣味性の高い媒体が登場し、人気を博するようになったのもこの時期です。『ぐるなび』や『映画.com』などの媒体に加え、『PC Watch』『CNET Japan』などのインターネットそのものと相性の良い媒体も多くのアクセスを集め始めていました。

このようないわゆる「メディア」側の動きに加えて、CGM（Consumer Generated Media：掲示板やクチコミサイトなど、一般ユーザーが参加してコンテンツができていくメディアのこと）の世界でも、人気サイトが生まれるようになっていました。1997年の『価格.com』のローンチを皮切りに、1998年には『cookpad』の前身サービスにあたる料理の投稿・検索サイトが現れ、1999年には『2ちゃんねる』や『@cosme』が登場しました。

このあたりまでがいわゆるウェブメディアの第1世代。ウィンドウズ95の発売に合わせて登場した老舗で、今なお元気なサイトが多い印象です。

キュレーション全盛期
（2009 – 2016）
SNS黄金期
（2017-現在）
Instagram
TikTok
BeReal
MERY
DELISH KITCHEN
Business Journal
360 LiFE
PIVOT
Business Insider
イチオシ
SmartNews
Gunosy
LineNEWS
BuzzFeed
NewsPicks
withnews
NHKプラス
ホウドウキョク
TBS NEWS DIG
TVer
Huff Post
2015
2020
2025
2015/03
NTTドコモ
4G開始
2020/03
主要キャリアで
5G開始
2022/11
ChatGPT
公開

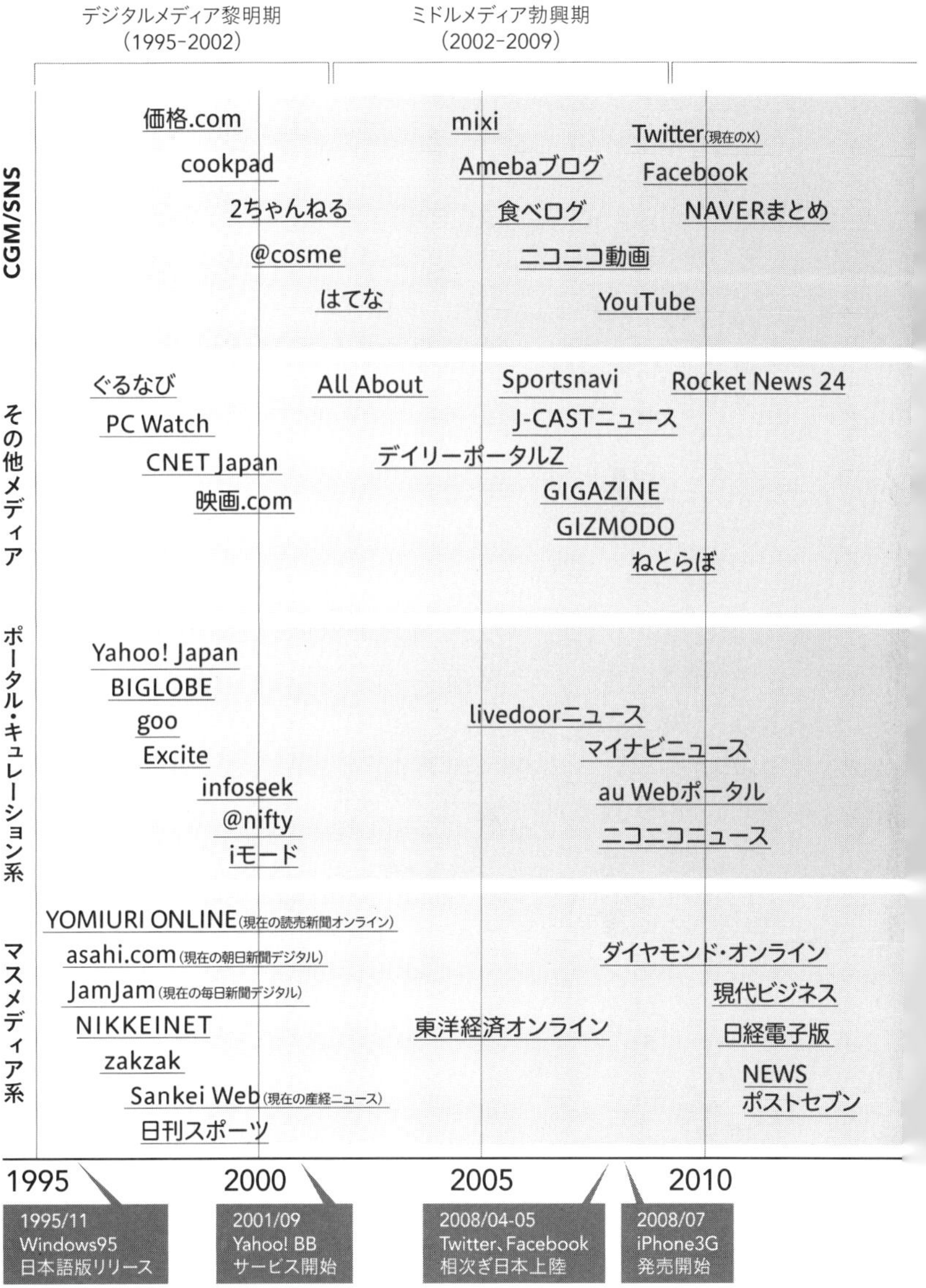

図1　デジタルメディア年表

・ミドルメディア勃興期（2002〜2009）

その後2001年9月に、ブロードバンドサービスがスタートします。この頃は「Web2.0」という言葉に象徴されるように、メディアが一方的に情報を載せていた時代から、各家庭にブロードバンドが導入され、個人でも写真をアップできる時代、いわゆるインタラクティブなコミュニケーションの時代へと大きな変化を遂げました。こうした状況下で生まれたのがブログであり、このブログがメディアの世界にデジタライズをもたらし、加速させました。なぜなら、多数の記者の存在を前提に成立していたメディアを、ブログのプラットフォームを活用することでわずか数人でも運営できるものに変えたからです。同時に、文字だらけの状態から写真が掲載できるようになり、『GIGAZINE』『デイリーポータルZ』『ねとらぼ』など、非常にたくさんのネタ系メディアが登場しました。これらのウェブサイトは大きな出版社と個人の間に位置する媒体という意味で、当時「ミドルメディア」と名付けられました。

CGMの世界でも、ブログの登場により『はてなブログ』『Amebaブログ』『食べログ』などが流行したのがこの時期です。同様に、海外で流行し始めていたSNSが日本でも立ち上がり、『mixi』『GREE』といったサービスがアーリーアダプターを中心に利用され始めました。

マスメディア系では大手新聞社の動きに5年以上遅れて、雑誌社・出版社が満を持してウェブサイトを公開しました。今では人気サイトとなった『東洋経済オンライン』『ダイヤモンド・オンライン』など、ビジネス系を中心とした媒体の多くは、2000年代後半に立ち上がったものになります。

ポータルサイトに関しては、『livedoor』や『マイナビニュース』『ニコニコニュース』など、それまでのISP（インターネット・サービス・プロバイダー）企業とは異なる路線の企業も参入。また『au Webポータル』など携帯会社のポータルサイトなども、携帯電話の普及に伴い存在感を増していきました。ここまでがミドルメディア勃興期です。

この頃に立ち上がったミドルメディアは大きなブームを巻き起こしたものの、その後、ほどなくして自然淘汰により多くのメディアが消えていきました。しかし、この時に生き残った『ねとらぼ』や『デイリーポータルZ』などは、現在でもネットメディア界において一定以上の影響力を発揮しています。当時は、ごく少人数の編集部で「やってみた」「食べてみた」などのネタ系の記事をおもしろおかしく紹介するものが多く、当時これらのメディアで取り上げられていたネタが、現在の「ユーチューブ」のコンテンツにつながっていると言えるでしょう。

・キュレーション全盛期（2009〜2016）

インターネットの世界で、次に大きな変化が起きたのは2008年。これは「ツイッター（現X）」と「フェイスブック」が相次いで日本に上陸した年です。そして、その数カ月後にはiPhoneが日本での発売を開始しました。この「SNS×スマートフォン」の登場は、手元の小さい画面で、スキマ時間にソーシャルメディアから流れてくる情報を見ることが当たり前という時代へと一気に変化させたのです。それに歩調を合わせるように『SmartNews』『Gunosy』といった、全く新しいニュースのキュレーションアプリが登場しました。これらのアプリは、ネット上にあるニュースの中から、アプリユーザーの関心領域に合わせて情報収集し表示してくれる点をフックに、多くのユーザーを獲得していきます。またニュースのキュレーションアプリとしては、『LINE NEWS』『NewsPicks』なども人気を博するようになりました。

こうした動きと並行し、『NAVERまとめ』『MERY』といった、異なる種類のキュレーション・サイトが大流行したのもこの時期です。これらのサイトはネット上に溢れる数多のサイトから、大切なポイントだけを抜き出して「スマートフォンで読みやすい」サイズに再編集した記事を掲載していることをアピールポイントにしていました。こちらのキュレーションは、前述のアプリと違って基本的に人力で行われており、他人の書いた記事を勝手に漁って好き勝手に編集するという、明らかに著作権保護の意識が薄く問題のある媒体でした。しかし当時はスマホ普及の黎明期ということもあり、厳しく糾弾されることもなく、『NAVERまとめ』などは日本有数のサイトとして栄華を極めていました。

一方、大手メディアでも大きな動きがありました。日本経済新聞社が、それまでの広告依存の運営では十分な収益化ができていなかった『NIKKEI NET』を、２０１０年に『日本経済新聞 電子版』にリニューアルしたのです。最も大きな違いは、『The New York Times』や『Financial Times』などの海外の主要新聞で成功し始めていたユーザー課金制を採用したことであり、これにより一定以上の経済的な成功を収めることができました。また『日経 電子版』の存在は、人々にも「きちんとしたニュースはインターネットの世界でもお金を払って見るものだ」という意識を生じさせたように思います。

この2つの「他者の情報をまとめて見やすく整理して、ＰＶを増やして広告収入で稼ぐ」という考え方と、「発信する情報自体を価値のあるものとみなして直接課金する」という正反対の考え方が同時に存在していたのがこのキュレーション全盛期なのですが、こうした状況が一変する事件が２０１６年の暮れに発生しました。いわゆる「ＷＥＬＱ騒動」です。

『ＷＥＬＱ』は、大手インターネット企業が運営していた健康・医療情報サイトです。このサイトがPV獲得を目的に行ったのが虚偽情報の掲載、著作権への抵触、常識はずれな広告の掲載などであり、そのことが一部のネットメディアで話題となり、それがマスメディアに取り上げられるようになった結果、大きな社会問題にまで発展したのです。この騒動は、情報発信の責任と信頼性について考える契機となった事件であり、当時も多くの耳目を集めました。

健康や金融は、情報の質が問われる重要なトピックスです。特に医療分野での誤情報は命に関わる危険性もありますし、こうした誤情報の集積はインターネット上の情報全体の信憑性を揺るがしかねません。この事件はYMYL（Your Money or Your Life）コンテンツの転換点として、検索エンジンにおける大幅なアルゴリズム変更が行われることにつながりました。そしてこの騒動を機に、キュレーションメディアの存在意義が世間から大きく問われるようになり、その結果、隆盛を極めたキュレーションサイトはその後3年ほどで大きく数を減らすことになりました。

・SNS黄金期（2017〜現在）

キュレーションサイトが衰退し始めると同時に、ソーシャルメディアが急速に勢力を伸ばし、またたく間にその座を奪いました。ユーチューブやフェイスブック、ツイッターといったソーシャルメディアはキュレーション全盛期から存在し、その時点でも一定の影響力を発揮していましたが、２０１５年にインスタグラムが日本に上陸、２０１７年にはＴｉｋＴｏｋも日本でのサービス提供を開始したあたりから、若者を中心にＳＮＳサービスが爆発的にユーザー数を増やしたことは皆さんもご存じの通りです。

このトレンドには、技術面でも革新的な動きがあったことが影響しています。それは４Ｇの普及です。４Ｇのサービスが日本で開始されたのは２０１０年。ＮＴＴドコモのサービス開始から遅れること2年で、ＫＤＤＩもソフトバンクもサービス提供を始めました。３Ｇ時代には、特にスマートフォンで視聴されるソーシャルメディアでは写真や文字情報が多い印象でしたが、４Ｇの普及が進んだ２０１０年代後半からは移動中にもスマートフォンで動画を見る人が急激に増加しました。

ＳＮＳ上に写真や動画が増えてくると、一般消費者のメディアへのアプローチ方法も変化を遂げます。３Ｇ時代には文字で検索、情報収集するのが一般的でした（もちろん今でも一般的ではあります）が、この時代になるとレストランの検索もインスタグラムなどの画像メディアで行うようになったのです。２０１７年には「インスタ映え」という言葉がユーキャン新語・流行語大賞を受賞し、インスタグラムの存在が社会的に大きくフィーチャーされ、その後のＴｉｋＴｏｋの大流行とも相まって、まさに「ＳＮＳ黄金期」とも言える時代となりました。

この「スマホさえあれば莫大な影響力を持てる＝インフルエンサーになれるチャンスがある」という状況は、既存メディアの在り方にも大きな揺さぶりをかけています。一例を挙げれば、かつて「やってみた」「食べてみた」という記事で人気を博していたミドルメディアは、それをさらにわかりやすく動画で提示してくれるＳＮＳの隆盛を受け、ＰＶ数が大きく減少しました。一方でユーチューブはどこでも視聴可能となったことで2度目のブームを迎え、ユーチューバーのプロダクションであるＵＵＵＭ株式会社や、VTuber／バーチャルライバーグループにじさんじを擁するANYCOLOR株式会社が上場したことなどは、ＳＮＳがある意味で既存メディア以上に大きな影響力を持ち、社会的なインパクトを与えるまでに成長した事例と言えるかもしれません。

またマスメディアによるデジタル媒体の活用状況も変化しつつあります。これまで文字情報中心に確認されていたニュースを、４Ｇ普及以降は動画で見たいと考える人が増加したのです。その結果、ネット上で「信頼性のあるメディア」として多くのシェアを獲得していた新聞系メディアに加え、最近では地上波放送のオンラインメディアも多くのアクセス数を集める存在として浮上しています。

なおＳＮＳ黄金期以降のデジタルメディアの変遷についてはこの章の後にコラムとし

て掲載しておりますので、興味のある方はお目通しいただければと思います。

▣ デジタルメディアの変遷からわかること

30年近くに及ぶデジタルメディアの変遷からわかることは、３つあります。

１つ目は、テクノロジーの進化がメディアの変化を引き起こしているということです。ウィンドウズ95の到来によってデジタルメディアが誕生し、ブロードバンドの開始とブログの登場によってほんの数人でメディアを立ち上げられる環境が整い、３Ｇとスマートフォンの登場がデジタルメディアを「家で見るもの」からポータブルな存在へと変化させ、４Ｇや５Ｇのスタートによっていつでもどこでも動画を確認できる環境が整いました。テクノロジーが進化したことでできることが変わり、そうした新しいテクノロジーが一定の時間をかけて世の中に普及した結果、最終的にメディアの形を変化させていると言えます。

２つ目は興味深いことに、このテクノロジーに起因するメディアの変化はおおよそ７～８年の周期で生じているということです。直近の変化である２０１７年から７～８年というと、ちょうど２０２４年から２０２５年、本書の執筆時がそれにあたります。では、次にどのようなテクノロジーの変化が生じるのでしょうか――皆さん、もうご存じのことでしょう、それは生成ＡＩです。まだ未知数ではあるものの、今後、生成ＡＩが普及していった時にメディアが変化を生じぬままにいられるはずはないでしょう。

最後に、これらメディアの変遷過程から読み取れることは、発信主体の規模感の変化です。デジタルメディア黎明期には大手企業、大手マスメディアが資金を大量投入しましたが、ミドルメディアの時代になると数人の編集部で情報発信ができる規模に変化。キュレーションメディアは、そのボリューム自体は大きかったのですが、大学生のアルバイトや主婦などのいわゆる初級ウェブライターが、驚くほど安価で雇用されている状況でした。低廉な報酬であったからこそライターは大量に記事を書き、大量であったからこそ内容の精査もなしに掲載されてしまった時代だったと言えます。

現在はインスタグラムやユーチューブなど、企画や撮影、編集まで何から何まで1人で作って発信できる、個人の時代に突入しています（実際には事務所などが介在する場合も多いですが）。この先、生成ＡＩを活用することで、より手軽に個人でも発信できるようになる可能性もありますが、一方ではＡＩを存分に使いこなせるだけの資金力のある大企業がその主体として再度脚光を浴びるという可能性もあり得ます。

また、近年はウェブメディアがどんどん閉鎖に追い込まれています。一時期人気の高かったメディアも、気が付けば姿を消しているという状況です。これはメディア数が急増したことで広告運用による収益構造が思うように機能していないことが原因だと考えられます。これからの時代、ウェブメディアの運用は収益の源泉をどこに置くか、そしてそれをいかに長く継続させるかが、大きな課題となるでしょう。

1-3

メディアの変化が広報に及ぼしたもの

▪ デジタルメディアは、3層に分類できる

このようなメディア環境の変化は、情報の流通構造にも変化を及ぼしました。デジタルメディア登場以前、マスメディアが中心だった時代には、マスメディアからの情報は消費者への一方通行でした。もちろん消費者間でのクチコミなどはありましたが、そうした論評がどこかにまとめられて誰でも見ることができるという環境ではなかったため、発信側は情報の正誤だけを気にしていれば良かったのです。

それがデジタルメディアの普及に伴い、三層構造化していくことになります。最も上流のレイヤーは、マスメディアやニュースサイトといった「自分たちでニュース記事を書いて発信する媒体」です。ここではまとめてニュースメディアとしておきます。

世の中にマスメディアしか存在しなかった時代は、テレビ局の数も、新聞や雑誌の数も限られていました。しかし現在では、ニュースサイトだけをとっても実にさまざまなメ

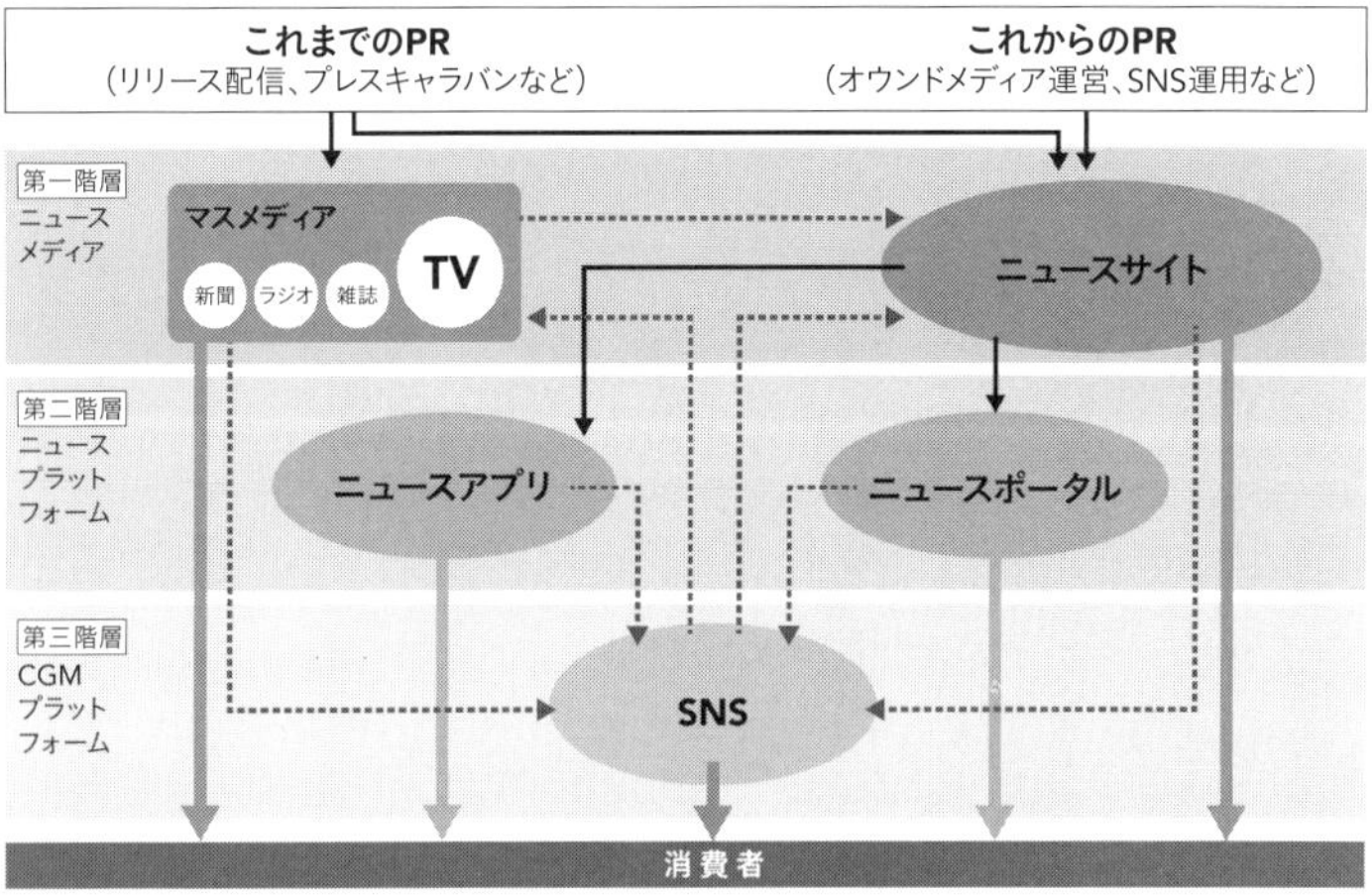

図2　ニュースメディアのレイヤー構造

ディアがあります。現在、我々が把握しているだけで3000以上、カウントの仕方によってはその倍近くにものぼる可能性があります。ここでは具体的な数字はいったん横に置き、「発信母体となるメディアの数がものすごく増えた」ということを頭の片隅に置いた状態で読み進めていただければと思います。

そしてこのレイヤーの下には、こうしたニュースメディアが発信した情報を収集・整理して、見やすく提示する「ニュースプラットフォーム」という階層が現れます。『Yahoo!ニュース』を筆頭とするニュースポータルと、『SmartNews』や『Gunosy』といったニュースアプリがこのレイヤーを代表するプレイヤーです。膨大な数のニュースサイトに掲載された記事の中から、よく読まれる記事や面白い記事がニュースアプリやニュースポータルへと流れ、多くの人に消費されることになります。例えて言えば「ニュースのショッピングモール」であり、ニュースを集めて表示するという意味で「ニュースアグリゲイター」と呼ばれることもあります。

そしてこの下に、こうしたニュースを「ネタ」にして盛り上がる「CGMプラットフォーム」というレイヤーが登場します。「Xで一番盛り上がるのは、テレビの話」などと言われるように、メディアが発信した情報をネタに、個人が感想や論評を述べられる環境が出来上がりました。気になる記事があればSNSを中心としたCGMに投稿して盛り上がり、さらにリポストされることで盛り上がりが加速しやすい仕組みとなっています。

■ CGMによる、情報の「無限ループ化」

そしてCGMプラットフォームの登場は、情報の流れる方向をも変化させました。それまでは発信者であるニュースメディアから一方通行であった情報が「ネット上での盛り上がりを記事化する」という形で環流することを可能にしたのです。

SNSから全国区のアイドルが生まれたり、地元の人も知らなかったスポットがある日突然観光地化したりといった話は多くの人が耳にしたことがあると思います。これはこうした情報を取り上げるメディア数が激増し、読者とメディアの接点が増大したことに加え、ＳＮＳなどのＣＧＭで盛り上がった話題がニュースサイトやテレビなどで再度取り上げられるといった環流現象が起きているからです。かつて一方通行だった情報はインタラクティブ・コミュニケーションの時代を迎え、大袈裟に言うと無限ループ化するようになりました。

この無限ループの最もわかりやすい例が、芸能人やユーチューバーによるＳＮＳでの情報発信を取り上げた記事です。ある女性芸能人がインスタグラムにおしゃれをした写真を掲載し、そのスタイリングに多数の「いいね！」やコメントがついた、といったことをネット記事として配信するケースはその典型と言えます。さらにその記事がYahoo!ニュースに転載され、そこに多数のコメントがつくことでさらに話題化し、似たような記事が量産されるパターンはよく見かけます。企業のニュースでこういったことはあまり起きませんが、それでも芸能人やユーチューバーを活用したマーケティング施策を実施する場合などのために、こうした情報フローの傾向については理解しておくべきです。

もちろんマスメディア全盛の時代でも、世間でのクチコミをトレンドとして紹介することは頻繁にありました。しかし現代では、メディアの記者が自分のスマホを眺めているだけでこうした情報を入手でき、しかもそれを追加取材もせずに記事にできてしまうため、このループの回転が以前と比べて格段に高速化しているように感じます。

■ メディア環境の変化が広報を複雑にする

この「情報流通の三層構造化」と「情報の高速無限ループ化」は、メディア特性の分析と把握をとても難しくしました。

かつての広報は、P39図2内の「これまでのPR」にある通り、リリースをマスメディアに送付して、記事化を働きかけることがメインの業務でした。メディアの数はそこまで多くなく、メディアの記者とのリレーションもきちんと時間をかければ深まっていく環境にありました。

しかし現在は、デジタルメディアのニュースサイトが激増した結果、記者と人間的な関係性を深めるのがとても難しい状況です。それぞれのメディアが差別化しようと専門性を高め、その結果ターゲット領域がごく狭く絞られてしまい、ここにさえ掲載されていれば良いというメディアを選定するのも困難になりました（というか、そんなメディアはもうないのかもしれません）。

しかもただメディアに取り上げてもらうだけでは、自社が関係するマーケットに影響力を発揮することはできません。露出を獲得するのであれば、SNS等で話題化してくれそうなコアなターゲットを多く抱える媒体で、意義のある掲載がなされる必要があります。それを可能にするためには、3000以上ある日本国内のすべてのデジタルメディア……と言いたいところですが、現実的なところで、300程度の主要なメディアと自社に関係するメディアの特徴くらいは、大まかにでも頭に入れておくべきでしょう。

さらに、現在はどこもメディア運営は簡単ではなく、取材も頻繁に行ける環境にないため、規模の小さいデジタルメディアほど自分のデスクで記事のネタを見つけて書く傾向があります。こうした「自分のデスクにかじりついている」記者の皆さんに興味を持ってもらうためには、オウンドメディアや自社のSNS運用なども自ら手掛ける必要が出てきました。そしてこれは、広報担当者にとっては単純にやるべき仕事が増えたということを意味します。

今日の広報担当者は、本当に気の毒なことにこれらにすべて対応した上で、さらにYahoo!ニュースなどの巨大ポータルやマスメディアにまでその情報を波及させることが求められています。なぜならこうした媒体に取り上げてもらえないと話題化したとは言えない、と見なされているからです。

中でも日本で最大のニュースポータルであるYahoo!ニュースの存在感は圧倒的です。

Yahoo!ニュースは、他のニュースメディアからの転載がそのコンテンツのほとんどを占めています。そのため、ＰＲ会社に対して「Yahoo!ニュースに転載される媒体に取り上げてもらえるような発信をしてほしい」と依頼してくるクライアント企業も少なくありません。そうなると、広報やＰＲの担当者は〝Yahoo!ニュース転載実績が高く、かつ当該商品・サービスのターゲットが好むメディア〟を見つけ出さなければなりません。専門誌情報を得る必要は従来からありましたが、それでも新聞やテレビといったマスメディアをメインの対象としていればよかった。しかし現在は自社にとって意味のある媒体を把握するには膨大な数のウェブメディアも対象にしなくてはならないのです。

さらに輪をかけて状況を複雑化させているのが、情報の発信源が企業だけに限られなくなったことです。情報の無限ループ化を利用して、ＣＧＭにいるインフルエンサーに自社サービスについて触れてもらうことも検討可能ですし、インフルエンサーと一緒にＳＮＳで盛り上がりそうな企画を考えて実施することで、ＣＧＭ発信での情報の環流を作り出す機会も増えています。企画に多様性が生まれるのは良いことですが、こうしたプランニングを可能にするには、デジタル環境に対する深い理解が求められることもまた事実です。

このように、今日の広報・ＰＲ活動で「情報を世に広くあまねく知らせる」ためには、こうした点を織り込んでのプランニングが必須となりました。そのためのメディア研究は不可欠であり、かつてよりも重要度を増しているように思います。

1-4 デジタル黒船に対する広告業界の対応

■ デジタルメディアの登場とともに成長したデジタル広告

ところで、広報と同じ「マーケティング・コミュニケーション」の領域である広告は、一体どのようにこうしたメディアの変化に対応してきたのでしょうか。広告の種類も多岐にわたりますが、本書は広報のＤＸを考えるものですので、広告の中でもデジタル広告の変遷に絞って見ていきましょう。

ウィンドウズ95の登場が日本のデジタルメディアを誕生させ、メディアの在り方を大きく変えたと述べましたが、このことはメディアを活用している広告・マーケティング業界にも大きな変化をもたらしました。

デジタルメディア黎明期（１９９５〜２００２）に主流だったデジタル広告は、媒体を指定してバナーを貼り出すタイプのものでした。これは新聞や雑誌の広告枠をデジタルメディアに置き換えただけの安易なものだったと言えるでしょう。当時のインターネット・ブーム、デジタル広告自体の物珍しさ、またインターネットの利用者がテクノロジー界隈やホワイトカラーワーカー、大学生などのセグメントに偏っていたことなどにより、ただ貼り出すだけのバナー広告でさえ出稿料が数十万円から数百万円になるなど、今では考えられないほど「メディア優位」な時代だったと記憶しています。

こうした状況に最初に訪れた大きな転換点は、ウィンドウズ95の誕生から5年余りが経過した2000年のグーグルの「AdWords」という広告サービスのローンチでした。これは検索連動型広告（SEM：Search Engine Marketing の略）と呼ばれる、それまでに存在しなかった全く新しいサービスです。検索結果の表示画面に検索キーワードと関連する商品やサービスの広告を表示させるコンテンツ連動型広告であり、広告領域にテクノロジーが本格的に持ち込まれ、そして普及した最初の事例でした。

またWeb2.0というワードが流行語となったミドルメディア勃興期（2002〜2009）は、ブログやメールマガジンも普及し、このシステムを活用したアフィリエイト広告も隆盛を極めました。アフィリエイト広告とは、ブログやメールマガジンなどにブログ運営者が商品広告を掲載し、その広告がクリックされたり購入されたりすることで成果報酬を得るタイプの広告です。こうしたSEMやアフィリエイトといった新しい広告メニューは、それまで多額の資金を必要としていた広告出稿の状況を一変させました。その結果、個人でも簡単に(広告代理店を挟むことなく)、かつ少額から広告を打てる時代へと進化を遂げたのです。その意味でミドルメディア勃興期は、デジタルマーケティングの勃興期でもあったと言えるでしょう。

■ アドネットワークとコンテンツSEO

デジタルマーケティングが本当の意味で大きな発展を遂げたのは、アドネットワークが登場した2008年以降です。アドネットワークとは、広告媒体となるウェブサイトを集約して「広告配信ネットワーク」を形成することで、多数のウェブサイトにトピックやターゲット属性を指定してバナー広告を掲載できるようにした画期的なサービスです。アドネットワークの登場で、One to One の広告配信が可能になり、広告主はマス思考の時代よりも効率的なメディア選定ができるようになりました(正確にはメディア選定をする必要がなくなったとも言えます)。メディア運用者もかつてのように広告担当の営業職を雇うことなく、こうしたネットワークに加入するだけで自動的に、そして簡単に広告収入が得られるようになったのです。2010年代前半にキュレーションメディアが多数立ち上げられ、全盛期を迎えられたのは、このアドネットワークができ、PV数が増えればその分広告収入が多く得られる環境が整備されたからです。

前述の通り、キュレーションメディアは自らの失態によりその勢いを失いましたが、キュレーション全盛期（2009〜2016年）のデジタル広告は進化を止めることはありませんでした。アドエクスチェンジ（アドネットワークをまとめて広告配信の仕組みを統一させ、幅広いネットワークの中で広告配信を円滑に運用する仕組み）や、DSP（Demand-Side Platformの略称で、広告主向けの広告配信プラットフォーム。リアルタイムの入札により、広告の費用対効果を最大化する）、SSP（Supply-Side Platformの略称で、媒体社やメディアが広告収益を最大化するためのプラットフォーム。リアルタイムでの入札により、接続しているDSPやアドネットワークの広告の中で、最高単価のものを自動で選択し配信するシステム）といった新しい広告配信のシステムの開発が進むなど、大きく発展していくことになりました。

SNS黄金期には、アドネットワークに加えてコンテンツマーケティングが流行します。中でも「コンテンツSEO」という手法に大きな注目が集まりました。コンテンツSEOとは、検索されやすいキーワードを意識しつつ、ユーザーが求めている情報を良質なコンテンツとして提供する手法です。2010年代初頭までは、検索エンジン側のアルゴリズムをハックする形で、意味のないコンテンツでも検索順位を（半ば無理やりに）上げることができましたが、後年には、検索エンジンの性能の向上に伴ってこうした悪質なサイトは駆逐されるようになります。その結果、ユーザーのことを思って丁寧に作成したウェブページを公開し、多くの人に喜ばれることでさらにアクセスを伸ばすという好循環が生まれて、自らコンテンツを作って公開する企業（トヨタ自動車『トヨタイムズ』などがその典型）が増えることになりました。コンテンツSEOは、自社のSNSを活用して情報を拡散するのにも適しており、まさにSNS全盛期ならではの広告手法と言えるでしょう。

▣ デジタル黒船に開国したマーケティング業界

こうした流れは、それまでデジタル技術を活用していなかった媒体にも波及し、すべての広告メディアに変化をもたらしました。ダイレクトメール（DM）の世界は、メールマガジン誕生によって早い時期からその様相が一変。また、新聞や雑誌は、彼らのコンテンツの価値を再認識し、有料化する媒体が大きく増加しました。既得権益のカタマリで、長期に及びデジタル化が進まなかったテレビCMの世界ですら、『ネットフリックス』や『アマゾンプライムビデオ』に押されてテレビ自体が『Abema』や『TVer』など、ここ数年でアプリ化したことにより、One to Oneの分析の目に晒されています。同様にOOH（Out of Home：屋外広告の意味）の世界でもデジタル化が進行。現在は、通行人の顔から性別・年齢などを推察し、最適な広告を表示させられるようになるなど、大きな変化を迎えています。

興味深いことに、これらのサービスはすべて、主として欧米から輸入されたものです。グーグル社が開発した「AdWords」も、その後グーグルやフェイスブックなどが主流となる「アドネットワーク」も、そしてその収益を最大化させる「アドエクスチェンジ」などのサービスも、すべて海外から入ってきたもの。コンテンツSEOも、グーグルやフェイスブックなどのプラットフォームのアルゴリズムに同調させるという考え方をしています。そのため、海外で成功している手法を持ち込むという意味では、マーケティングの世界は〝フラット化〟している。言い方を変えれば、日本のマーケティング業界は、「デジタルという黒船に対して完全に開国した」と言って差し支えないと考えられます。

翻って、広報・PRの状況はどうでしょうか。広報・PRはデジタルマーケティングと同じ「マーケティングコミュニケーション」という領域に属していながら、いまだに「広告費換算」と「露出数」という、昭和の時代からほとんど変わらない指標を基に効果測定をしています。マーケティングの世界と比較すると完全に「文明開化に後れをとった」状況にあることを、広報やＰＲに携わる人たちは改めて自覚せねばなりません。

▪ マーケティングがデジタルに開国できた理由

広報に比べ、広告がデジタルに開国できた理由は、広告は購入した広告枠に載せるものというのが、その理由です。そのため枠内の情報の開示請求が可能で、そこから誘導した人の購買履歴までを一気通貫で確認することができます。広告出稿する場所や頻度によって、問い合わせ数はもちろん、商談率、成約率まである程度は正確な数字が出せる。それゆえにデジタルマーケティング手法は短期間で普及しました。ウェブ広告に接触した人の属性も確認可能となり、ＳＮＳ広告や動画広告、デジタルサイネージ、ＳＥＯなどさまざまな手法を用いて検証が行われています。自動販売機ですら買う人の顔を認証してその商品の購買者データを蓄積しているのです。

デジタル広告はかなり具体的なレベルまで「興味を持った人」や「実際の購入者」などの追跡、その後の行動の分析も可能です（逆に以前よりプライバシーへの配慮により広告規制が厳しくなり、徐々にできることが減りつつありますが）。そこで、興味を持った人に向け同じ商品でもタイトルを変えて表示し、「タイトルを変えたらコンバージョンが０・01％アップした」といった、かなり緻密な検証までできるようになりました。

一方で広報は、「枠」を買う広告ほど単純な仕組みではないため、誰がその記事を見たかといった情報は取得できません。ゆえにそのメディア露出の有効性を説明するのが困難です。データドリブンな広告に比し、そもそも広報は大枠での検証しかできないのです。広告の単純さと広報の複雑さ、これがデジタル化への適応に大きな差が生じた原因だといえるでしょう。

1-5

DXに向かうメディアと広告業界

▪ デジタル開国はメディアと広告を幸せにしたか？

デジタルに開国したメディアと広告業界においては、それまで「メディア」と「広告代理店」しか存在しなかった鎖国的な市場に、さまざまなアドテクノロジーを携えたプレイヤーを参入させる事態を招きました。黒船に乗ってやってきたグーグルやフェイスブックといった欧米のプレイヤーに加え、これまでメディアとは関係なかった国内企業や、このデジタル広告という新たに生まれたマーケットに商機を見出したベンチャー企業などが大量に押し寄せてきました。

こうしたプレイヤーは当然ながら利潤追求を目的としており、そして実際に大きな利益を上げました。グーグル社やフェイスブック社の現在までの成長ぶりを見れば、それは一目瞭然でしょう。彼らが利益を上げている理由の一つは、マスメディアが扱ってこなかった少額の案件も余すことなくさらっていったことにあります。もう一つの理由は、彼らはコンテンツ作成のコストをかけることなく、他人が作った記事やコンテンツを集めて検索しやすくしただけ（グーグル）だったり、個人が作ったコンテンツに合わせて広告を掲示しているだけ（フェイスブックやインスタグラムなどのＳＮＳ）というプラットフォームビジネスであるという点です。

「デジタルメディア」の領域で新たに誕生したこの仕組みは、既存のマスメディアに大きな損害を与えました。すべての人は24時間しか与えられておらず、メディア視聴に使える時間には限りがある以上、ＳＮＳを含むデジタルメディアに多くの時間を費やすということはマスメディアへの接触時間が削られるということを意味するからです。電車の中で新聞や雑誌を読んでいた人がほぼ絶滅し、誰もがスマートフォンを眺めている様子からもこのことは理解できると思います。

しかも三層構造となったデジタルメディアの世界（P39図2）において、ニュースが消費されているのは第二階層のニュースプラットフォームと第三階層のＣＧＭプラットフォームです（詳しくはCOLUMN 1「デジタルメディアのトレンドについて」をご覧ください）。第一階層のニュースメディアを訪れる人が媒体数に比して少ないということは、自社サイトに掲出したバナーがクリックされる割合が下がることを意味します。こうしてマスメディアは、デジタル黒船の圧力に屈して、もしくはデジタルメディアでも覇権を獲ることを目指してデジタルに進出したものの、Yahoo!ニュースなどのポータルサイトやグーグル、フェイスブックといったプラットフォームにアクセスを奪われるという事態になりました。そしてそれは広告の世界でも「中抜き」の排除が進み、広告代理店側をそれまでのように大きな利益を上げ続けることが難しい状況に陥らせることになりました。

▣ メディアに訪れた地殻変動

こうしてこれまでマスメディアが広告で上げてきた利益は、そのかなりの部分をテクノロジー企業や巨大プラットフォームに奪われることになりました。広告で儲けられなくなったメディアが取った策は、大きく分けると2つの路線でした。

一つは日本経済新聞をはじめとする大手新聞社が採用したような、自社提供の高価値の記事から直接的に利益を生み出すために、有料化に踏み切るというもの。一つひとつの記事に有料会員でないと見ることのできない「鍵」を用意し、記事そのものの価値から利益を上げようとする方法です。この路線は全国紙メディアに加え、ビジネス系のメディアなどで多く取られています。また有料化には至らない場合でも、自社メディアに会員登録した読者しか読めない記事を公開している企業もあります。

そしてもう一つは、グーグルやフェイスブック、Yahoo!ニュースといった巨大プラットフォームから自社メディアへの誘導を強化するというものです。こうしたポータルサイトやSNSを敵と見なすのではなく、むしろそういったサイトからの流入を意識して「自社のニュースの一部（または全部）を差し出す」という、ある種割り切ったメディアも増えていくことになりました。Yahoo!ニュースなどのニュースポータルへの記事提供は、わずかとはいえそれ自体が利益を生むということもあり、こちらの路線を選ぶメディア企業の方が断然多いという印象があります。

どちらの路線を選んだ場合でも、その記事の質は変わらざるを得ません。有料化・会員限定化したメディアは、厳しい目を持つユーザーに「わざわざその媒体を訪れて読んでもらう」ために、より価値の高い記事を提供することが求められます。また巨大プラットフォームからの誘導を選んだメディアは、興味がうつろいがちな（というか刹那的と言ってもいい）読者に、情報の洪水の中から選んでもらうべくクリック／タップしてもらえるキャッチーなタイトル作りに全力を注ぎ込むようになるためです。

一時期、スポーツ紙では女性タレントによるプロ野球の始球式に関する記事のタイトルに「ノーバン」という言葉が多く使われていました（今もそうかもしれません）。これは「ノーバウンドで投球できた」ことを知らせる記事なのですが、「ノーパン」と見誤る読者が多かったことからPV数が伸び、同様のタイトルの記事が増えたのだと推察できます。また同じような例として、地上波やAbemaなどのテレビ番組でタレントが話したキャッチーな言葉がそのまま記事になる、いわゆる「コタツ記事」と呼ばれるケースも増えています。

このようにたとえ下世話であったとしても、とにかくクリックされるタイトルや記事を安価で大量に作ることが正義とされる（それに伴って下世話な広告が多数表示される）時代について、筆者としてはいささか思うところもありますが、利益を上げないと存続すらできないメディアの実情を考えると致し方ないという理解をしています。

記事に鍵をかける路線もコタツ記事を増やす路線も、方法は違えど狙いは「ページ単位で収益を上げる」ことに尽きます。これは「媒体としての評価を得て、購入してもらう」というこれまでの路線から「それぞれの記事単位で評価を得て、購入してもらう」、もしくは「それぞれのページ単位で広告経由の利益を上げる」方向への転換となります。極論すれば、興味を引く記事さえあれば媒体としての評価は以前ほどには求めない、特に巨大プラットフォームからの誘導を選んだメディアに至っては、とにかく目立つ記事タイトルを作るといった方向に行動が変容した。これは多くのメディアにとって大きな地殻変動、もしくはDXと見なすことができます。

■ コンサル化する広告代理店

大手メディア同様、大手広告代理店もデジタル広告の台頭により、利益を上げにくくなりました。大きな理由は「中抜きによる薄利多売ビジネスへの変化」、そして「デジタル化による効果の見える化」の2つです。

地上波においてCMを流すには、多大なデポジットを預けている者しか、その広告枠を買うことはできませんでした。それをしていたのが広告代理店であり、つまり、広告代理店は広告主に代わってこれを肩代わりしてくれていたというわけです。この「広告代理店に頼らないとテレビCMが出稿できない」ところに広告代理店の旨みがあり、これを理由に巨額のコミッションを得ていた。しかしデジタル広告においてはデポジットは存在しない上に出稿が低額から可能となり、コミッションは徐々に減少していきました。

同時にデジタル広告市場が拡大し無視できない市場規模になったため、大手代理店も本腰を入れてデジタル広告に参入したものの、もはやデジタル広告業界は薄利多売が一般的で、また急拡大するデジタル広告市場に十分な人員を充てることも難しい状況でした。それゆえに、こうした圧力から広告の運用結果を虚偽報告してしまうなどの不適切な広告運用に手を染めるケースも発生してしまいました。この事件以降は、大手広告代理店各社も適切な広告運用を通じて「効果を出す」「効果を見える化する」ことに本気で取り組むこととなったのです。

さらに、ここにコンサルティング企業の参入が追い打ちをかけてきます。広告宣伝部を相手にしていた広告代理店と異なり、経営層を相手にしていたコンサルティング会社が、まさにトップダウンを狙う形で広告宣伝の分野でも営業を開始したのです。今では世界の広告企業ランキングにアクセンチュアやデロイトといったコンサル企業が登場するまでに至りました。こうなると当然、広告代理店もコンサルタントのようにマーケティングの結果にコミットすることが求められるのも必然の結果と言えるでしょう。

ここで面白いのは、広告代理店も手をこまねいているだけではないことです。こうした経緯を経て、現在の広告代理店はコンサル業界にも逆襲を企て始めています。2024年に電通の新社長に就任したのは、電通内でDXやBX（ビジネス・トランスフォーメーション）を手掛けてきた佐野傑氏。今は広告代理店自身がコンサルティングビジネスに参入するという行動変容につながっているのです。

■ なぜ広告はデジタルに開国できて、広報はできなかったのか

このようにメディア業界と広告業界はその姿を大きく変えることになりました。

かつての「デジタルがない時代の広告」は、正確な効果測定ができなかったこともあり、話題になりさえすればそれで良かった。しかし現代ではテレビ広告の世界にもデジタルが浸透して、それらを連動させて分析するツールを活用して効果測定をしています。これはDXが進んだ現在のマーケティング業界であれば当然の流れだと考えます。

一方、広報の現状はどうでしょうか。広報に関しては相変わらず「認知さえ取れれば良い」「広告換算額が高ければ成功とみなす」といった認識の企業が多く存在しています。広報に対してまるで昭和のテレビCM程度の意識しかなく、いつまで経ってもデジタル時代に適応できていません。

ウィンドウズ95の登場とほぼ同時期に社会に出た筆者は、キャリアの半ばには広告の世界に身を置いていたため、デジタル化の波によってそのすべてが塗り替えられていく一部始終を内側から見てきました。その私からすると、いかに広報のデジタル化が遅れているかがつぶさに感じられ、歯がゆいばかりです。PRがこのままデジタル鎖国状態を続けていては、未だにアテンションやアウェアネスしか求めない広報に経営者が愛想を尽かし、効果測定がきちんとできるデジタルマーケティングに広報部の人員や予算を全部移してし

まうのではないかと危惧しています。

広報がデジタルに開国できなかったのには、いくつかの理由が考えられます。一つはデジタル化の波が広報領域には「届かなかった」という仮説です。メディア業界や広告業界には「アドテクノロジー」や「マーケティング・オートメーション」の波が押し寄せ、IT業界からの多種多様なプレイヤーが大量に参入してきた。メディアや広告代理店が築いた巨大利権をめぐって血で血を洗うような戦いが起こりましたが、広報はそもそもマーケットサイズが小さかったこともあり、テクノロジー企業の参入がほとんどありませんでした。そういう意味では、広報村は山奥にひっそりと存在していたため、デジタル黒船がやってこなかったと考えることができます。

もう一つの仮説は、デジタル化の波がその収益構造に大きな変化をもたらさなかったというものです。広告業界はかつてのような高いコミッションを得られなくなった上に、「効果の見える化」とコンサルティング業界からの圧力もありDXせざるを得なかったと考えられますが、広報においては広告のような「効果の見える化」が求められることはありませんでした。したがって企業の広報部もPR会社もマーケティング部や広告代理店ほど厳しい目にさらされずに、これまでと同じやり方を温存できたと考えられます。

最後は、そもそも広報はデジタル化と相性が悪いというものです。対面コミュニケーションによって成り立っていた広報は、そもそもDXとは相性が悪いのではないか、という仮説です。しかし時代の変化を敏感に感じる必要のある立場の広報担当者が、DXに対応しなくていいわけはありません。そもそも企業全体がDXに舵を切っている中で、広報だけが今まで通りでいられるはずはない、と筆者は受け止めています。

▣ デジタル鎖国を続ける広報に起きていること

事実、もうすでにその端緒が現れ始めたと考えるのが、SNSやオウンドメディアの運用です。

SNSにしてもオウンドメディアにしても、本来であればさまざまなステークホルダーとのコミュニケーションを業とする広報が担当し、きちんとレピュテーション（評判）を計測するべきというのが筆者の考えです。消費者からさまざまな意見や感想が届くため、その対応に慣れていないと炎上させてしまうリスクがあるからです。

しかし、今はDXが進んだ（もしくは進展中の）マーケティング部の勢力が優勢である企業も多く「商品情報はマーケティング部が把握しているのだから、そちらが担当した方がいい」と考える経営者も少なくありません。そこで綱引きが生じた場合、データ・ドリブンで効果を分析、証拠を提示できるマーケティング部に軍配が上がることも多いのです。

SNS運用やオウンドメディア運用、インフルエンサー関連など、デジタル領域の広報活動はマーケティングとPRの中間に位置するものが多数含まれていることもあり、現在は両者の垣根が消失しつつあります。一例を挙げると、社会に対して良い働き掛けをしている会社から買いたいという、消費者の〝エシカル消費〟志向の高まりによって、広告が広報・PRの視点を採り入れ始めている、などです。それに加えてとにかく広報担当者が多忙すぎるが故に、これら中間領域の業務はマーケティング部門に任せざるを得ないという側面もあります。

このような状況下で、〝広報でなければできないこと〟を考えると、「我々はこの社会と望ましい関係を構築し、維持していくことができる企業である」というメッセージを送り続け、「経営機能」を果たすこと。従来型の広報の、もう一つ上層のレイヤーに歩を進めていかなければならないのだと思います。

プレスリリースの作成、メディアリストの作成、取材対応、クリッピングなど広報担当者の業務量は生半可なものではありません。しかも、どれも手作業によるものが多く、多忙さゆえに本来一番大事にすべきことに手が回らないのではないでしょうか。そのため、取材対応など華やかに見える水面の下で、非常に苦しい思いで足掻いているのが実状だと思います。道標となるＫＰＩもない中で、膨大な量のメディアの中からひたすら露出数を追いかけていたら、虚無感に苛まれてしまってもおかしくありません。

「はじめに」でも書きましたが、そんな広報やＰＲの担当者の置かれている状況をなんとか変えていきたいと思ったのが、本書執筆のきっかけです。

弊社プラップノードのコーポレートカラーは緑色です。そこには、広報・ＰＲの皆さんにはエバーグリーンでいてほしいという思いを込めました。

広報が元気で、「うちはいい会社だな」と思いながら働けていれば、同じように思う仲間が周囲に増えていくはずです。そのように感じている社員が多ければ、その会社はいい会社に違いありません。広報・ＰＲを担当する皆さんが、そのような状態で過ごせるようなお手伝いをしたいと心から願っています。

COLUMN 1

デジタルメディアのトレンドについて

筆者はプラップジャパン在籍中に、空いた時間（と会社が契約していたツール）を使って、デジタルメディアの現状について独自で調査をしていました。2017年に開始し、プラップノードに移籍後の2022年まで続けました。初期の調査結果の一部は当時社内で立ち上げた「デジタルPR研究所」のウェブサイトで発表しつつも、ほとんどの調査結果は、当時おつきあいのあった一部のクライアント以外には公表することもなく、自分の趣味（?）として研究していました。このデータを読み解くと日本のデジタルメディアの全容がおぼろげながら把握できるため、少し古いものにはなりますが、今回コラムとして共有したいと思います。

表1　調査対象媒体 概要

	2022/06	2021/06	2020/06	2019/06	2018/06	2017/06
媒体数 by PRAP media wiki	522	517	533	500	517	567
推定Visit数 by Similarweb PRO	56.3 億	56.2 億	59.2 億	35.9 億	39.5 億	30.6 億
取得バズ数 by Buzz News Analyzer	4,163 万	5,154 万	6,873 万	3,937 万	4,757 万	4,781 万

図3　デジタル媒体のVisit数の割合

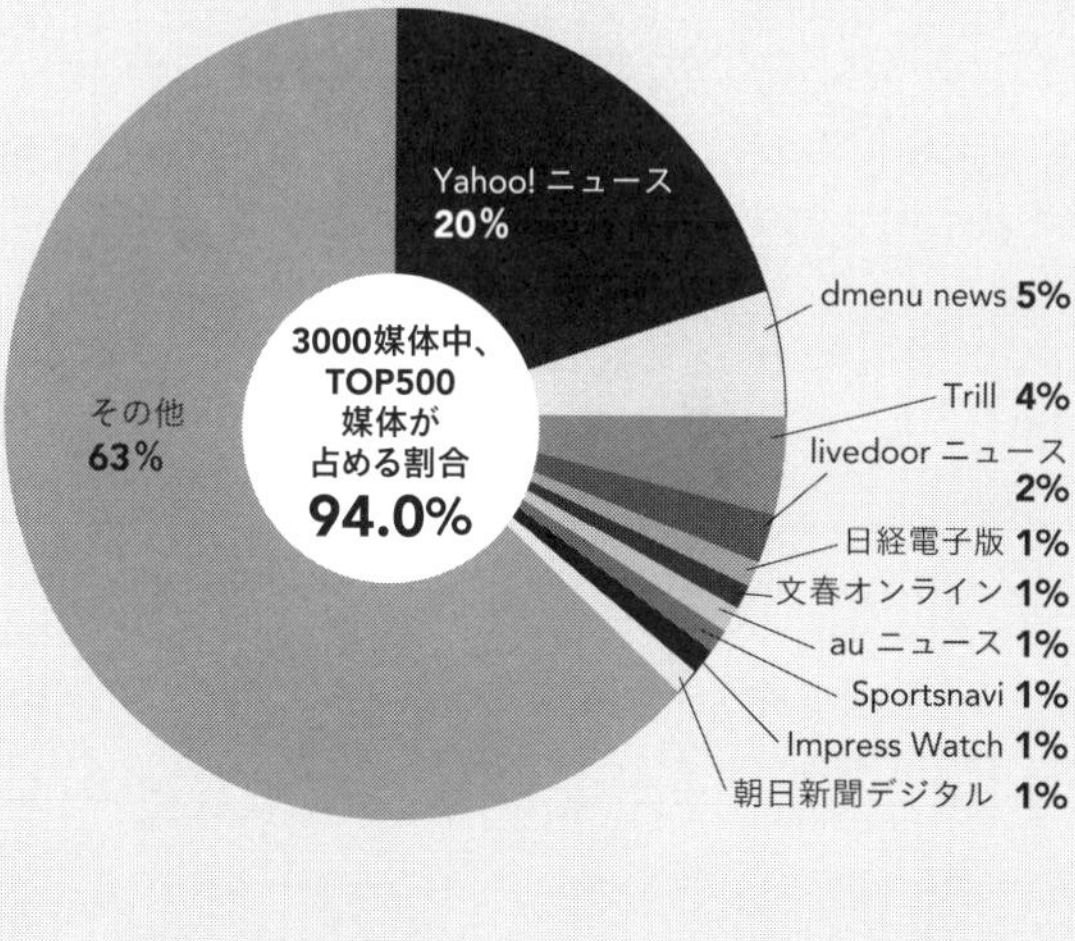

６年間続けたこの調査で取り上げたのは、３０００以上ある中から、推定Visit数の上位５００程度のメディアです（推計Visit数はSimilarweb PROで算出）。１年間を通じてランキングには変動がありますから、この５００程度の媒体には入れ替わりが生じます。２０１７年から２０２２年まで、毎年6月時点のデータに絞って定点観察を続けました。調査媒体数を毎年５００前後としたのは、その５００媒体で全メディアの推定Visit総数のうちの9割以上を占めるからです。実は『Yahoo!ニュース』や『ｄメニュー』『日本経済新聞電子版』などのＴＯＰ10媒体だけで全体の3分の1近くを占めるほどデジタルメディアの寡占は進んでおり、乱暴な言い方をすれば日本人の3割程度はこうした名の通った媒体しか見ていない（あくまでネットニュースに限って言えばですが）ということになります。

推定Visit総数は、２０１７年にデータを取り始めた当時は30億Visitぐらいだったものが、２０２０年を境に55億〜60億近くにまで増加しています。これは、筆者が算出に使用したSimilarweb PRO（※）の仕様変更でスマートフォンのVisit数までより正確に採取可能になったことが主な原因であり、急に日本中のニュースサイトへのアクセスが増えたわけではないと思われます。したがって各サイトの訪問者数の実数は２０２０年の前と後で大きく変わっていますが、傾向としては大きな変化はないものとして、調査を継続しました。

※SimilarwebPROは、はSimilarweb Ltd. の商標です。

また、筆者は推定Visit数以外にも「どれだけバズったか」も追いかけました。現在はどの記事にも大体ソーシャルボタンがついていて、さまざまなSNSにシェアできるようになっています。このシェアされた数や「いいね」がついた数、ツイート、リツイート（現在のポスト、リポスト）された数などは「Meltwater」や「Talkwalker」「BuzzSumo」などのソーシャルリスニングツールで計測することができます。

筆者や、弊社COOの雨宮はその当時、バズは広告費換算に変わる指標として使えるのではないかと考えていました。記事がシェアされたということは、誰かに共有したいと思う程度には心が動いたと判断できるため、広告費換算に比しても広報の効果としていい指標になり得るのではないかと考えたからです。ここ数年でソーシャルメディア、特にX（旧ツイッター）とフェイスブックの環境が大きく変化してしまったため、この数字をどう捉えるべきかは注意が必要ですが、少なくとも影響力を測る指標としては現在でも一定の価値があると考えています。

そしてこのバズを生んだ記事の数と、そのバズの総数をまとめたグラフがP70図4になります。棒グラフが記事数で、折れ線グラフがバズの数になります。このグラフを見ると、2017年ごろは非常にたくさんの記事にバズが生まれたものの、次第に減っていることがわかります。その理由は、フェイクニュースです。

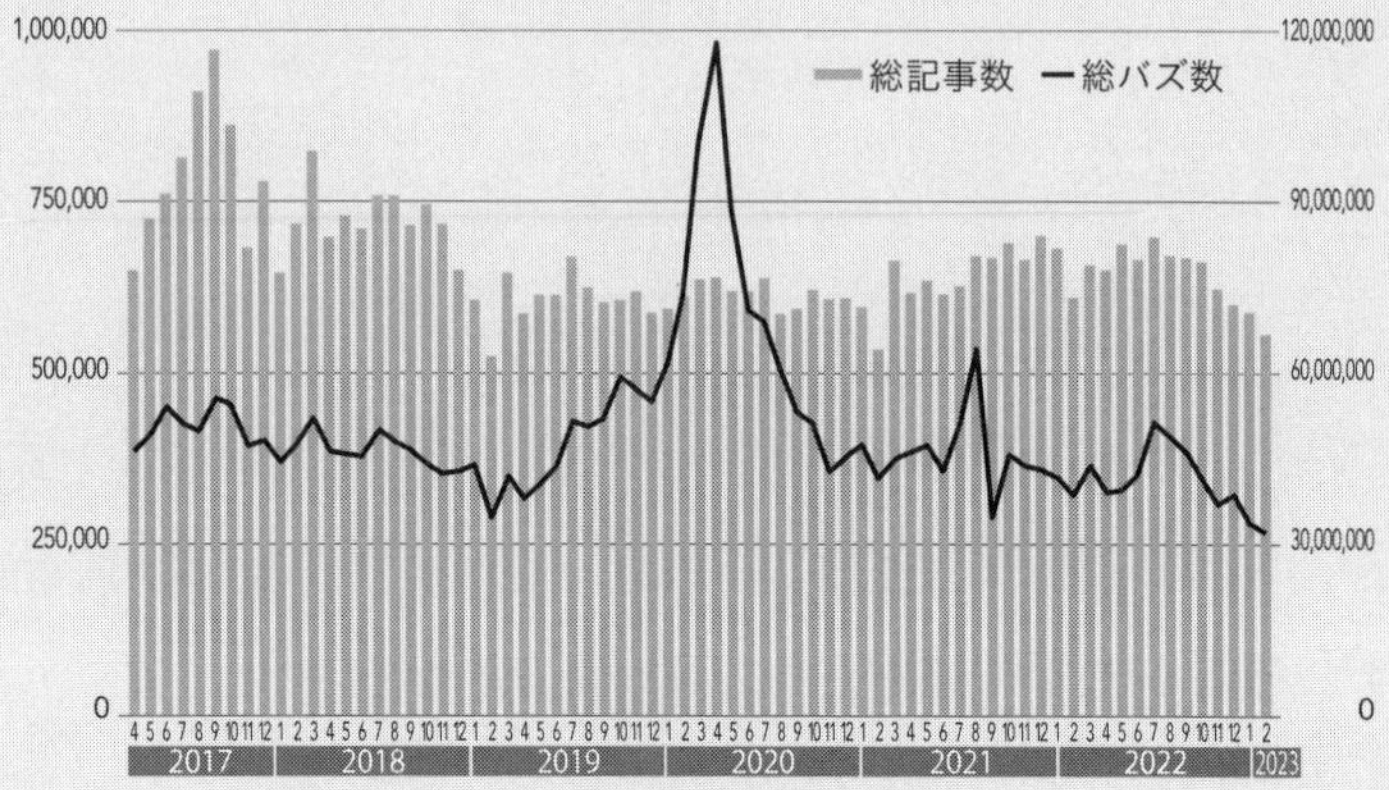

図4　月別のバズ数/バズ掲載記事数の推移（2017/04-2023/02）

２０１６年に行われたアメリカの大統領選挙では、「ローマ法王がトランプ氏の支持を表明した」「クリントン氏陣営の関係者が人身売買に関わっている」といったフェイクニュースがＳＮＳで拡散されるということが頻繁に起こりました。日本でこの時期にバズっていた記事はいわゆるフェイクニュースは少なかったものの、出所不明の記事が多く、そうした記事は「面白いから」という理由で日本国内でもＳＮＳで気軽にシェアされていました。しかし、このような偽情報を信じた人が発砲事件を引き起こすなど米国で社会問題化したこともあり、日本国内でも「出所がよくわからないニュースはシェアしない方が良い」という風潮になっていきました。その結果、２０１７年の夏をピークにバズの発生記事が減ったと推察されます。

このように2018年の後半以降、バズ発生記事数は60万程度で落ち着きましたが、記事についたバズ数総計は2020年の3月に一瞬ですが激増しています。これは新型コロナウイルスの出始めの頃であり、志村けんさんや岡江久美子さんをはじめとする多くの著名人が亡くなった時期と重なります。外出制限により多くの人が自宅でウェブメディアやソーシャルニュースを見てコロナに関する情報をシェアすることが多かったため、このような大きな数字になったのでしょう（なお、訃報は今でも最も多くのバズを集めるコンテンツの一つです）。

しかし、これも一時期のことで、それ以降は右肩下がりの傾向にあります。

続いて媒体の種類別に特徴や傾向を見ていきましょう。現在のウェブメディアを筆者の理解に基づいて分類すると次のような形になります。大きくはマスメディア系、オンライン専業、自分たちで取材をしない2次メディアに分けることができますが、それぞれをさらに3つに分類しました。

この中で筆者が「総合オンライン専業メディア」と言っているのは、3つ以上のカテゴリーを持っている媒体のことです。例えば、同じ女性向けの媒体でも、コスメとグルメと旅行など3つ以上のカテゴリーを含む媒体を「総合」、反対にコスメだけ、旅行だけとい

マスメディア系		
① 新聞・通信社	② テレビ・ラジオ	③ 雑誌
新聞社や通信社が運営しているサイト（海外や地方を含む）	テレビ局やラジオ局が運営しているサイト（海外や地方を含む）	雑誌社やフリーペーパーが運営しているサイト（海外や地方を含む）
オンライン専業		
④ 総合	⑤ 専門	⑥ ネタ
3つ以上のカテゴリを有するサイト	2つ以下のカテゴリしか有しないサイト	「やってみた／調べてみた」などの記事を中心に、小規模の編集部で運営しているサイト
2次メディア		
⑦ Yahoo!ニュース	⑧ Yahoo!以外のポータル	⑨ キュレーション
news.yahoo.co.jp に含まれる各種ニュース	天気や交通など多数のコンテンツを有するサイトのニュースコーナー	アルゴリズムまたは人力で記事を集め／まとめて表示させているサイト

表2　デジタルメディア分類

う2つ以下のカテゴリーしか含まないメディアを「専門」としています。

2次メディアについては、ポータルサイトはざっくりYahoo!とYahoo!以外、そしてキュレーションサイトに分けました。

ここで最終調査年の2022年6月のデータを見ていきます。まずはTOP500に含まれる媒体数を「マスメディア系」「オンライン専業」「2次メディア」に分けた場合、マスメディアが33%、オンライン専業メディアが59%、2次メディアが8%という状況になりました。特にオンライン専門メディアが44%と群を抜いて多くなっています。

しかしVisit数で見ると、オンライン専業メディア、特に専門メディアは大きなアクセスを

■カテゴリ別に見るデジタルメディア

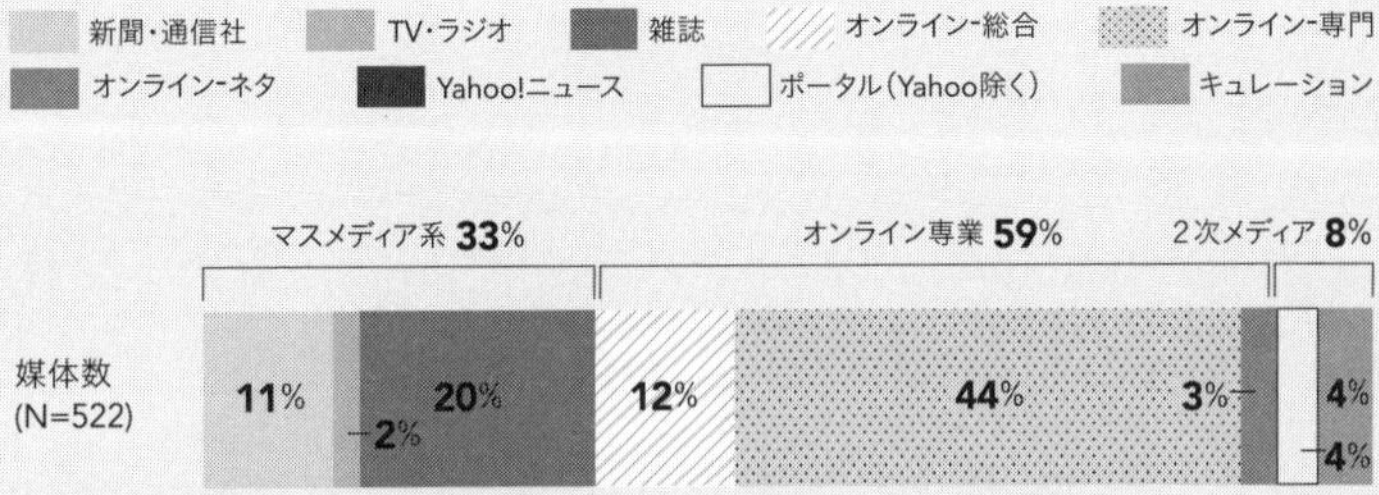

図5　デジタルメディア 分類別に見る媒体数（2022/06）

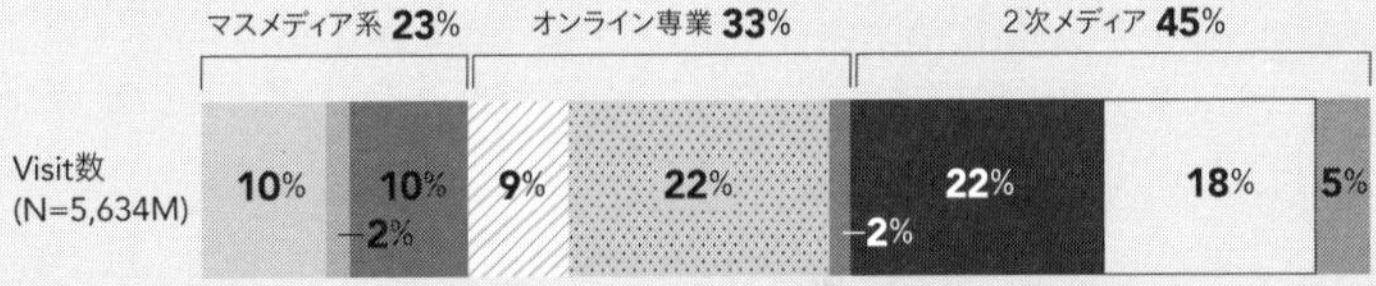

図6　デジタルメディア 分類別に見るVisit数（2022/06）

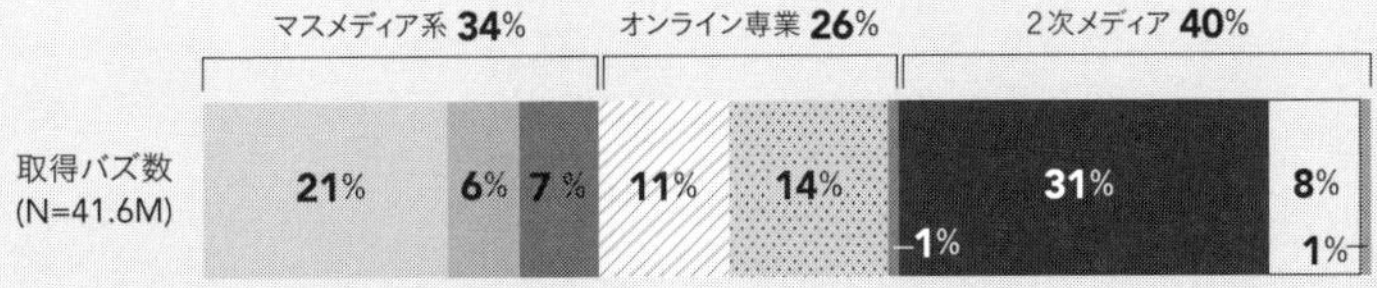

図7　デジタルメディア 分類別に見るバズ数（2022/06）

集めておらず、逆に媒体数としては一番少なかったはずの2次メディアが45％と、その半分近くを占めました。このデータから、読者は実際に記事を書いているマスメディアやオンライン専業メディアには訪れておらず、ニュースがたくさん集まるポータルサイト上でニュースを「消費」していることがわかります。

さらに、これらの媒体がどの程度バズを獲得しているかを見ると、2次メディアが40％、特に『Yahoo!ニュース』単体で31％とものすごくシェアされています。『Yahoo!ニュース』は、ステルスマーケティングが話題になり始めた２０１６年頃から、ニュース提供企業に対するチェックを強化しており、そういったことが多くの読者に支持されて多くのシェアを集めているものと推測できるのです。

『Yahoo!ニュース』以外では、マスメディアが34％、特に新聞は21％と健闘しているのがわかります。新聞と『Yahoo!ニュース』だけでバズの半分を占めていることは、読者の多くが持つフェイクニュースではない「出所がはっきりしている記事しかシェアしたくない」という気持ちの表れではないでしょうか。

ここからは媒体カテゴリごとの経年変化を追っていきましょう。まず媒体数を見比べると、２０１７年には16％と非常に多かったキュレーションメディアが２０２２年には４％

図8　詳細カテゴリ別メディア数（経年変化）

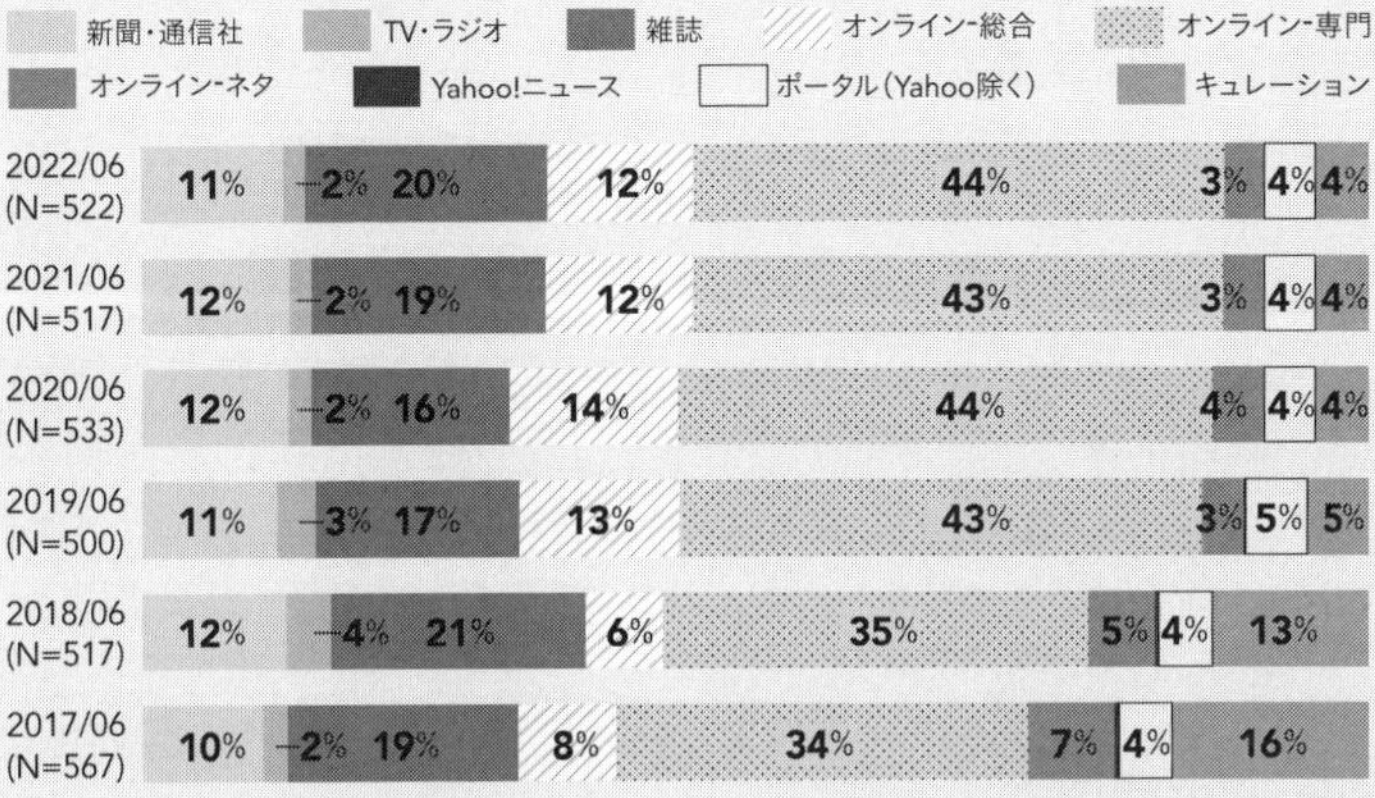

にまで激減していることがわかります。その理由は、前述した「ＷＥＬＱ騒動」です。調査を開始した２０１７年頃にはまだ一定数存在していたキュレーションメディアですが、この騒動以降、特に人力で記事を作るタイプを中心にほぼ絶滅に向かいました。

同様に調査をしていた6年間で大きく媒体数を減らしたのがネタ系メディアです。その割合は7％から3％まで減少しています。おそらく、キュレーションメディアとネタ系メディアは、インスタグラムやＴｉｋＴｏｋ、ユーチューブにそのアクセスを取って代わられたのではないかと考えています。

一方でこの6年間で増えたメディアはオンラインの専門メディアで、34％から44％まで増えているのがわかります。オンラインの専業メ

図9　詳細カテゴリ別 Visit数（経年変化）

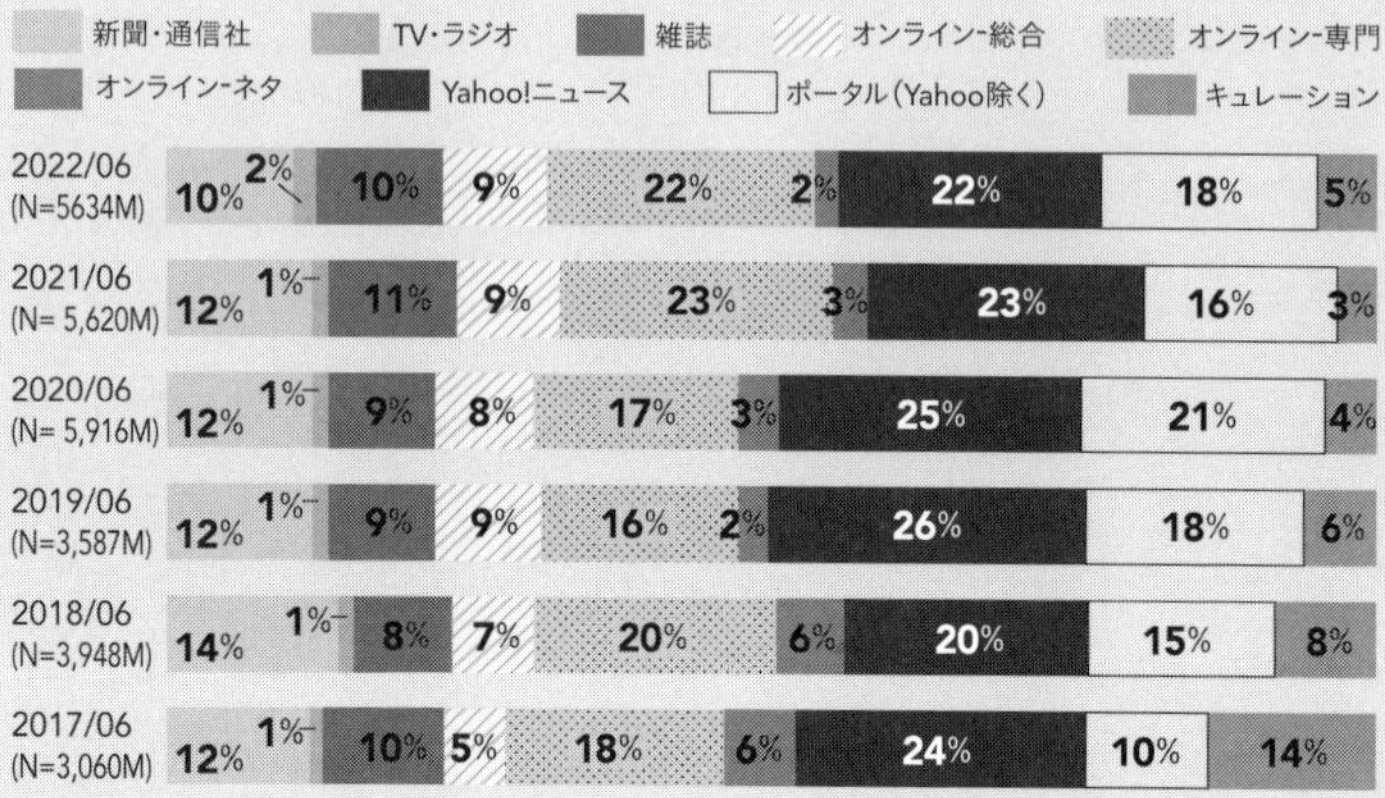

ディアは少人数で立ち上げることが可能で、記事もその業界のプレスリリースを集めるだけで作れるなど低コストで運営できることもあり、その割合を大きく増やしたのでしょう。ただし、専業メディアだとあまり多くのPV数は稼げません。そのため、次第に「ターゲットが興味を持ちそうな周辺情報も載せよう」となり、結果的に総合メディア化していく。それが、総合メディアが8%から12%まで増えている理由だと考えられます。

続いて総Visit数の傾向を見ていきます。自らニュースを配信している媒体に限ると、媒体数と比較してその割合を減らしていないのは新聞くらいで、それ以外の媒体は割合を大きく落としています。その減少分を獲得しているのが、『Yahoo!ニュース』をはじめとするポータ

図10　詳細カテゴリ別 バズ数（経年変化）

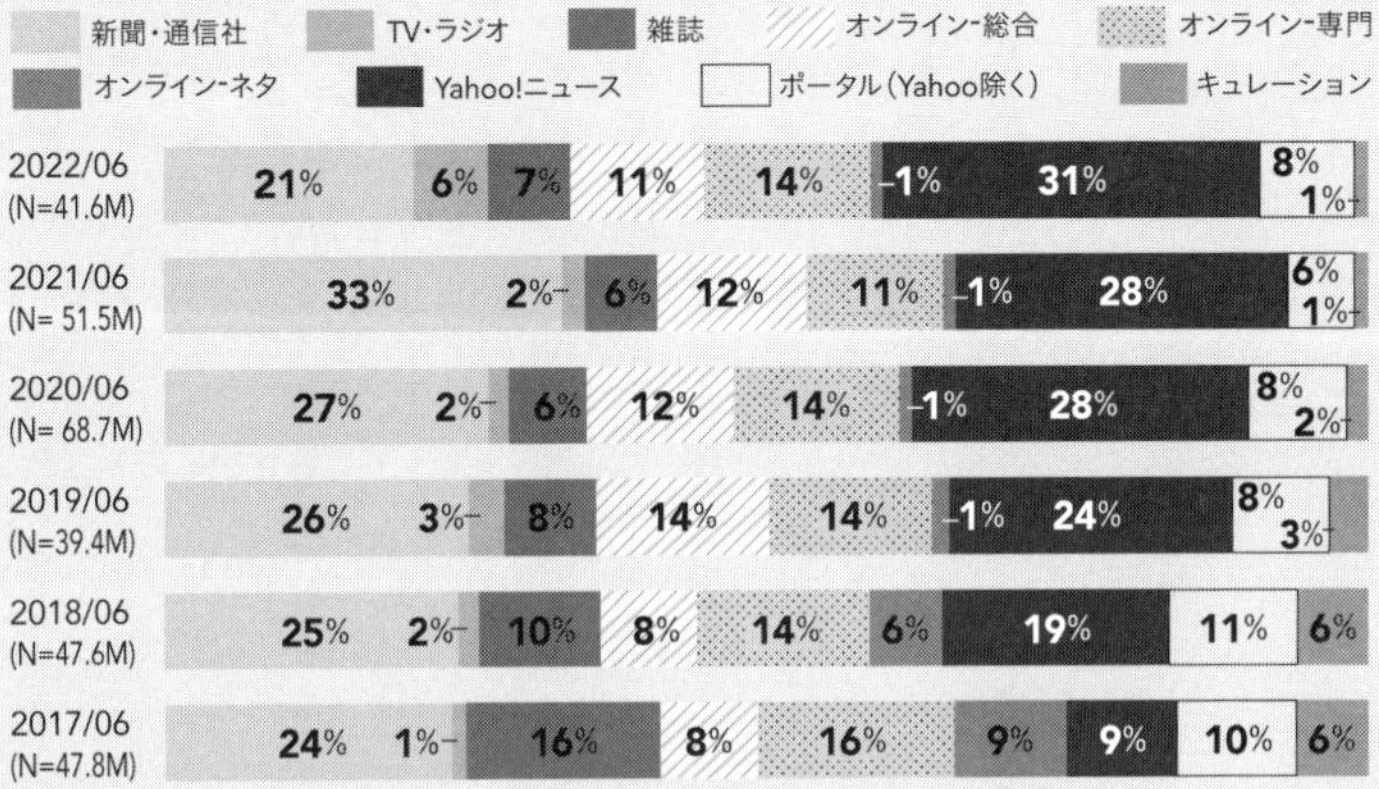

ルサイトです。多くの人が実際に記事を執筆しているサイトよりもそれをまとめて掲載しているサイトに行くというのは、八百屋や魚屋や金物屋が並ぶ地元の商店街よりもスーパーマーケットやショッピングモールに行く心理と近しいのでしょう。そのため一概に否定はできないとはいえ、自らニュース記事を書いて配信するより、執筆せずに他から記事を掲出している方がＰＶを稼げる＝儲かるという構図は、あまり健康的な印象は受けません。なんとか共存できる仕組みへと生まれ変わってほしいと、筆者は常々感じています。

最後にバズ数の傾向を確認します。調査を実施した6年の間に、存在感を大きく落としたのはネタ系メディアとキュレーションメディアです。２０１７年当時はネタ系の記事がバズの１

割近くを占めていたのですが、6年後には1％にまで減っています。同様にキュレーションメディアのバズ数も6％から1％まで激減しました。これは媒体数のところでも説明した通り、同様の記事を見ていた層がSNSに流れたことが大きな要因と考えられます。

代わりに急増しているのが『Yahoo!ニュース』です。筆者が調査を始めた当時、Yahoo!は「ユーザーをサイト内で回遊させる」ことを重視する戦略を採用していると感じていましたが、2018～2019年ごろからSNSでのシェアを増やして外部からの誘引を狙うという形に戦略の変化があったのではないかと推測しています。そうしたこともあり、元々9％程度だったバズが、6年間で31％と3倍以上に増えました。

他にもドラスティックな変化があったのはマスメディアです。新聞は年を追うごとに少しずつバズを増やしていき、2021年には33％と世間のバズの3分の1を占めるまでに影響力を増していきましたが、2022年には21％にまで急激にその割合を減らしました。一方でテレビは前年までと比較して3倍となる6％まで増えました。長い文章を読ませる雑誌媒体は16％から徐々にその割合を減らし、2023年には6年前の半分以下にあたる7％にまでバズ数が減っています。

この変化は、5Gの普及に伴い、映像メディアをスマートフォンで見ることが一般的になってきた影響ではないかと考えています。また技術革新が、在京キー局やNHKのネット進出を推進させたことも大きく関係しているように思います。文章を読むよりも、映像を見た方が速くわかりやすいため、2022年を境に文字情報の影響力が落ちてきた可能性は高いと見ています（2023年以降のデータがないので、あくまで推測ではありますが…）。

このデジタルメディアのトレンド調査は、筆者がプラップジャパンを離れて調査ツールへのアクセスがしづらくなったこと、この調査ではソーシャルメディアの影響力を正確には計測できないこと、さらには筆者の本業が忙しくなったという3つの理由から2022年の調査が最後になってしまいましたが、2024年現在のデジタルメディアについて（あくまで筆者の肌感覚ではありますが）以下のような状態にあると感じています。

・マスメディアのデジタル領域においては、数年前と比較してテレビが影響力を増しており、相対的に新聞や雑誌の影響力が弱くなってきている。これはスマートフォンで動画を見るという行為が一般的になった（そしてそれを支える技術革新が起きた）ことが大きく影響している

・ネット専業メディアは、この数年で閉鎖される媒体が急増した。TOP500中の媒体でも収益性の悪化を理由に閉鎖されるケースが増えており、アドネットワーク依存型のメディアは非常に厳しい状況に置かれているものと推察される

・新しくできたネット媒体で成功を収めているものは、大手メディア企業の資本が入って

いるものが多い印象。ミドルメディア時代の、個人が「小さく始めて大きく育てる」といった発想は通用しなくなってきている

・ポータルサイトにおける『Yahoo!ニュース』一強体制は、今後もしばらくは揺るがない。これから新しいポータルサイトが誕生することも想定しづらいため、もっと大きな地殻変動が起こらない限り、状況は変わらないと考えている

・ネタ系メディアやキュレーションメディアには、今後さらなる淘汰が待ち受けている。ユーチューブやインスタグラム、ＴｉｋＴｏｋといった一般人の動画コンテンツとの戦いではかなり不利な状況にあり、コンテンツをうまくピボットできなければゼロになる可能性も否定できない

デジタルメディアのトレンドを理解することは、以前にも増して難化しているのですが、この現状への理解が足りないＰＲ戦略は成功しづらいと筆者は感じています。少なくとも自社に影響力がありそうなメディアについては、その特徴と媒体数、Visit数、バズ数を比較して追いかけていくことが大切だと思います。それを続けることで、自社がどこに力を入れるべきかが見えてくるのではないでしょうか。

第2章

なぜワイヤーサービスはDXにつながらないのか

前述の通り、メディアのデジタル化はこの四半世紀で目覚ましい進歩を遂げましたが、そのメディアと向き合う広報担当者の仕事は、どの程度デジタル化されているのでしょうか。また、デジタル化によって何か変化は起きているのでしょうか。本章では、ワイヤーサービスを軸に進展した広報のデジタル化の現状と、その先にあるDXを進める上での課題について考えていきます。

2-1

PRを「民主化」したワイヤーサービス

■ 急成長するワイヤーサービス

デジタル黒船に開国しなかった広報ですが、一つだけデジタル化が大きく進展したものがあります。それが、ワイヤーサービスです。ワイヤーサービスとは、プレスリリースなど企業・団体が開示する情報を、国内外のメディア、財務情報の情報開示システム、投資家、ポータルサイトなどへ配信するサービスのことを指します。日本国内では2001年にサービスがスタートし、『PR TIMES』『アットプレス』『ドリームニュース』『共同通信PRワイヤー』『Digital PR Platform』などが知られています。

ワイヤーサービス各社はここ10年ほどで急成長しており、それに伴ってプレスリリースの配信件数も大幅に増加しました。某ワイヤーサービス企業のIR資料によると、2019年には3万7000超だったプレスリリース件数は、2023年にはおよそ3倍の10万件以上にまでなったとのことです。

このワイヤーサービスでできることは、大きく分けて次の３つです。

①メディアに対するプレスリリースの配信代行

英語のワイヤーには「電信」「電報」という意味があることからもわかる通り、メールで直接記者やメディアの方々にプレスリリースを送付するサービスです。これは、それまで広報担当者が自分たちで記者に直接ファックスしたり、記者クラブの棚に投げ込んだりしていたリリース配信作業のデジタイズと言えます。広報やＰＲの担当者の負荷が軽減され、業務効率が大きく向上しました。

②ワイヤーサービスが持つサイトにプレスリリースが掲載される

プレスリリースを、ワイヤーサービスが運営するウェブメディアに掲載することで、オンライン上で公開するサービスです。リリースをコンテンツとするメディアであるため、メディア人のみならず、プレスリリースを見て情報収集したい一般の消費者の方々が多く閲覧しています。

③提携メディアへのプレスリリースの転載

プレスリリースをニュース記事のように見なして、ワイヤーサービス各社と提携するメディアに転載される仕組みです。ある会社が新商品に関するプレスリリースを配信すると、ワイヤーサービスの提携メディアの中から新商品発売に関連するページに自動的に転載されるというものです。発信した会社からすると、1回のリリースでいくつもの媒体にそのまま掲載されるので、大変好ましく感じます。けれどもこのサービスは、プレスリリースの形のまま転載されるという点で大きな問題があります（この点については後述します）。

▣ ワイヤーサービスにより訪れた大きな変化

このようなワイヤーサービスの登場により、プレスリリースの配信は大いに省力化されました。また限られた人しかアクセスできなかったプレスリリースを誰でも見られるようにしたのですから、これは「プレスリリースの民主化」に他なりません。

ワイヤーサービスが一般的になる以前は、プレスリリースを書こうと思っても、見本となるものを気軽に閲覧することはできない状態でした。そのため、広報部に異動したばかりのメンバーがプレスリリースを作成する場合、本で調べたり先輩から書き方を教わったり、またはＰＲ会社に頼んで書いてもらったりする必要がありました。しかし、現在はワイヤーサービスが持つプレスリリース配信サイトに行けば、各業種の各パターンのプレスリリースが見放題。それらを参考にすれば、誰にでもプレスリリースを書くことができるのです。つまり、ワイヤーサービスの隆盛は、プレスリリースを書くハードルを著しく押し下げることにもつながりました。

また、メディアと縁がない中小企業であっても、プレスリリースの配信が気軽にできるようになったことも福音です。以前は記者クラブ経由でなければ全国紙や通信社、テレビ局、総合出版社に取り上げられる機会は限られがちな傾向にありましたが、現在はワイヤーサービスが持つプレスリリース配信サイトに掲載されていれば、メディア記者に知己を得ていない零細企業や地方の企業であっても着目してもらえる可能性が増えました。

それはどのワイヤーサービスでもメディアリストが準備されており、利用者はターゲットとするメディアにプレスリリースを簡単に送付することができるからです。旅行会社であればメディアリスト上で旅行情報系メディアを選択すると、その編集部にプレスリリースが送られるというわけです。以前は、広報担当者が独自で作らなければならなかったメディアリストを、ワイヤーサービスの方で用意してくれている。これは、広報担当者にとっては非常にありがたいことです。

また、記者クラブにも独自の作法があり、以前であればそれを熟知するPR会社や広報部の先輩の導きを得てアプローチする必要がありました。しかし、ワイヤーサービスができたことで、記者クラブ（前述の通りメディアも）抜きで消費者に情報を届けられるのです。このことも、ワイヤーサービスが支持される理由ではないでしょうか。

■ 転載メディアにとってのリリースは「チラシ」である

しかし、それとは表裏一体で悩ましい問題も生じています。それが、先ほども少し触れた「提携メディアへのリリース転載」です。

広報担当者からすると、自分たちの書いたプレスリリースがさまざまなメディアに載ることは喜ばしいことでしょう。それゆえにワイヤーサービスを利用する企業も多いのですが、ここでよく考えていただきたいことがあります。これはあくまでも「プレスリリースの転載」であり、記者が書いた「記事」ではない、という事実です。

そもそもプレスリリースは、発信者である企業が書いた資料に過ぎません。一方で、記事には第三者目線による編集作業が入っています。プレスリリースを読んだ記者が興味を持ち、取材して、執筆して、初めて記事化されるわけです。これはテレビでも同様です。

第三者である、テレビや新聞といった、広い見識を持つメディアの琴線に触れ評価され、視聴者や読者に届くように編集されているがゆえに読者や視聴者は「行ってみたい」「試してみたい」と思うのです。しかし、プレスリリースの転載の場合、そのようなプロセスは踏んでいません。

では、メディアに転載されるプレスリリースとは一体何なのか――。これはプレスリリースの外形を借りた、文字だらけの「広告」です。企業が言いたいことを書いているものでしかなく、メディアにとってはチラシと同じような位置付けのもの。その証拠に、ワイヤーサービス経由でプレスリリースを転載する際にはほとんどのメディア側で広告審査が入ります。広告ですから、怪しい商品やサービス、不適切な内容は掲載できないため、審査を必要とするのです。

■ 記者に届きにくくなるプレスリリース

またプレスリリースが本来の「記者に届ける情報ソース」から「一般の人々の目にも触れる広告」寄りになることは、結果的に記者のプレスリリース離れにもつながっていきます。一般人向けのチラシのようなプレスリリースが日々、記者のメールボックスに大量に届くわけですから、彼ら彼女らが辟易することは想像に難くないはずです。

とどのつまり、広報活動の真価である「第三者評価を得て、集客や売上を伸ばしたり、企業のレピュテーションを上げたりすること」への貢献が困難になってしまいます。したがって、広報担当者は今一度、自分の会社にとって魅力的で「記者の方々が開封したくなる」プレスリリースの書き方や見せ方がどのようなものか、学び直す必要があるのではないかと思います。

▪ 転載されたプレスリリースは検索されにくい

さらに、もう一つ別の問題が発生します。この場合のプレスリリース＝企業広告ですから、メディアに載ると言っても、掲載されるのは「記事が載っている」場所ではありません。メディアは記事の掲載面とは別に「プレスリリースコーナー」を用意して、まとめてそこに転載しています。記事と同様に検索できるメディアも一部にはありますが、ひどいケースだとプレスリリースコーナーへの導線が用意されていないことすらあります。

そして追いうちをかけて残念なことに、そのコーナーのプログラミング・ソースには「no follow」という指示が書かれていることが多いのです。これは、簡単に言えば、検索エンジンで検索結果に表示されないページとして指定されているということです。検索結果として検索エンジンから探せないということは、インターネットという「情報の海」の中からそこに辿り着くことが極めて難しく、したがってそれはほとんど人の目に触れることのない情報と言えます。情報発信者にとっては残念なことですが、しかしこれはメディアの立場としては仕方がない側面もあります。

転載を受け入れている媒体は、ワイヤーサービスからお金をもらってプレスリリースを掲載しています。現在配信されているプレスリリースは、1年間で10万件以上。そのうちの一部、例えば2万件のプレスリリースの転載を受け入れていたとしたら、そのメディアには1年で2万ページもできてしまうことになります。

そもそも、一つのメディアでニュースが年間に2万件もあるかというと、大手新聞社や巨大ポータルサイトでもない限りはそのような大量の記事は用意できません。一方で検索エンジンでは、その特性上、掲載記事の多いコーナーを重要なコンテンツと認識するアルゴリズムが働きます。つまり、そのメディアを代表するコンテンツはプレスリリースのコーナーであると判断されるという事態が生じます。これは、記者が書いた記事を読んでもらいたいメディアには到底受け入れられない話です。こうした事情があって、苦渋の選択として「no follow」という設定にしたのだと推察しています。

しかし繰り返しになりますが、このような設定をされるということは、プレスリリースが掲載されるコーナーを検索エンジン経由で閲覧に来る人がほとんど皆無となる、ということです。つまり転載先メディアにあるプレスリリースコーナーは、例えて言えば、全然人が通らないのに大量のチラシが貼られている路地裏のような場所と言えます。しかもその上に次から次へと新しいチラシが貼られてしまい、すぐに埋もれてしまう……。このような状況下では、転載サイトのプレスリリースコーナーを通じて、認知や影響力が向上するような効果はほとんど期待できないと言わざるを得ません。ですから、広報担当者は提携メディアにたくさん転載されるというだけで喜んでいてはいけないのです。

▪ コロナ禍がプレスリリース配信を強化した

ワイヤーサービス普及前のプレスリリースは、新聞や雑誌の記者やテレビのディレクターを相手に、どうすれば記事として取り上げてもらえるか、媒体に合わせて工夫を凝らして書かれていました。けれども、メディアのデジタル化と歩調を合わせてプレスリリースが民主化された結果、少なくとも一部のプレスリリースは乱発されるチラシかＤＭと同等のものと見なされることとなってしまいました。そういった〝チラシ〟リリースが激増した結果、一部の記者にとってはリリース自体がノイズまがいのものという認識へと変化してしまい、記者をプレスリリースから遠ざけることになりました。元々記者やジャーナリストのために存在していたプレスリリースという存在からすると、まさに本末転倒とも言える状況に陥ってしまったとも考えられます。

そんな状況下で突然やってきたコロナ禍――。本来対面コミュニケーションを業務とする広報担当者が、面会制限などによりメディアキャラバンはおろか、人と会うことができなくなってしまった。こうした苦しいコロナ禍でできることが激減した広報担当者の苦肉の策はプレスリリースの大量発信でした。これまでプレスリリースなど出したことのない企業も発信するようになり、プレスリリース発行数は増加の一途を辿りました。

この動きは、コロナ禍の沈静化でまた以前の状況に戻るのではないかと考えられていましたが、実際にはそうはなりませんでした。前年同期比で業務を評価されがちな広報担当者は、リリース本数も人事評価の一指標とされる傾向があり、プレスリリースの発信数を抑制しようとはならなかったのです。ではメディアキャラバンはというと、こちらもかつての状況には戻っていないようです。広報担当者もメディアの記者も以前と比べて出社頻度が下がっているため、メディアキャラバンを実施しても面会できなくなっているからと聞いています。

結果、コロナ禍前と比べても「広報担当者の仕事＝プレスリリースを書くこと」に陥ってしまっていると言えるかもしれません。

■ワイヤーサービスのいびつな進化を招いた原因

つまり冷静に考えると、ワイヤーサービスの進化は、プレスリリースの民主化の代償として「記者から一般消費者へ」というターゲットシフトを生み、その結果として「チラシ化」「DM化」に至り、本来届けるべき記者の方々に届きにくくなるという皮肉な結果をもたらしたと結論づけることができます。にもかかわらず、こうした状況が改められることはなく、むしろコロナ禍以降は強化されたと言っても差し支えない状況に陥っています。

この流れを止められなかったことには、2つの理由が考えられます。

一つは、プレスリリースがそもそもどういう意図で作られているものなのかを、民主化以前にプレスリリースに触れたことのなかった人々は理解していなかったということ。かつてのプレスリリースは、記者クラブなどに出入りする大手企業と、マスメディアというクローズドな関係でのみやり取りされていたものでした。それがワイヤーサービスの普及によりすべての企業が利用できるようになって、本来の意図とは違った理解が広がってしまった、というものです。その結果、ウェブでの公開を念頭においたチラシリリースが増えてしまったと考えられます。

そもそもプレスリリースには「これこそが正しい書き方」というものはありません。広報は「社会的に望ましい関係性を構築する」ことを目的としており、その意味では何を書いても良いのですが、一方でプレスリリースは「記者の琴線に触れる要素を盛り込み、記事化を容易にするような材料を提供する資料」として、記者からの第三者評価を得る必要があるのです。そこがプレスリリースとチラシの違いなのですが、それが混同された結果、現在のカオスにつながっているのだと推察できます。

もう一つの理由は、プレスリリースの転載コーナーがメディア内にできてしまった結果、本来であれば記者に取り上げられなければ記事化されないのに「メディアに露出した」と強弁することが可能となってしまったことです。広報やワイヤーサービスへの理解が深くない上司へ報告した際に、その上司が勘違いをしたとしても、わざわざ自身の評価が下がることを伝えたりすることはありません。もちろん広報担当者本人の理解が浅く、本当に勘違いをしている可能性もありますが…。

同様に、自社のプレスリリースがＤＭのような扱いになっていたとしても、ひとまず多数のメディアに届けることができたのは事実なので、意識的／無意識的を問わず目をつぶってしまっているのではないでしょうか。現代では多くの人が自分のメールボックスに多数のＤＭが届き、そしてそれらのＤＭは見ないで捨てるか放置していることも多いと思いますが、メディアの人たちも同様だとは想像だにしません。しかしこれも冷静に考えれば、簡単にわかることだと思います。

2-2 広報のＤＸを阻害する要因

▣ 広報の宿痾としての効果測定

なぜこのような逆転現象が起き、そしてそれを放置してしまうことになったのか。その疑問は、改めて「効果測定」というものの根深さを痛感させます。

そもそも以前から、広報業務は効果測定が難しいと言われていました。プレスリリースによって自社がメディアに取り上げられた時に、レピュテーションへ影響するのか、商品購買に至ったのかどうかとの因果関係を正確に把握することは困難です。それが広報部門の長年の悩みでした。そこで採用されていたのが、広告費換算という手法です。

広告費換算とは、広報・ＰＲ活動によって露出に至った記事の価値について、紙媒体ならば記事サイズや文字数、映像ならば放送時間などの掲載量や条件が同じ広告を出稿した際にはいくら費用がかかるのかを算出し、費用対効果を計測する手法です。掲載内容の質ではなく、その媒体の発行部数や視聴率、影響力により算出されるおおよその媒体価値によって計算します。デジタル化以前は、雑誌などのメディアの種類も限られており、発行部数によって大まかにその効果を把握できていました。しかし現在は、特にオンラインの媒体が増えすぎてしまい「どの媒体にどのようなアプローチをすればどれほどの効果が得られるか」の分析はさらに困難な状況に置かれてしまいました。

さらにワイヤーサービスを利用し配信サイトにプレスリリースを掲載するようになった現在においては、30〜40の媒体に同じプレスリリースが自動的に転載されます。この転載分をどのようにして広告費換算計算するかも問題です。

これは数年前に、ある百貨店の広報担当者から聞いた話です。この百貨店が冬のお歳暮キャンペーンを展開するにあたり、PR会社に依頼してワイヤーサービス経由でプレスリリースを配信しました。1原稿3万円でプレスリリースを掲載でき、提携媒体にも転載されるという契約だったそうです。この案件では、最終的には40ほどのメディアに露出することができたのですが、その中身は新聞の取材1件と雑誌の1記事以外は、プレスリリースの転載という結果でした。その後、PR会社はこれらの露出について「広告換算額は1000万円以上」とのレポートを提出してきたと言います。つまり、3万円のプレスリリース配信によって1000万円以上の価値を生み出した、333倍以上のレバレッジ効果があったと主張したと言うのです。

一見、高効率の話のように聞こえますが、これは本当にそれだけの価値を生み出したと考えて良いのでしょうか？　前述したように、リリース転載の場合は、媒体側のウェブページに「no follow」と設定されていて、少なくとも検索エンジン経由ではほとんど人の目に触れない状況です。そのような状態なのに、40のメディアに載ったからといって１０００万円もの価値が生み出せたと言えるのか？　それはさすがに過大評価でしょう。これが事実ならば、企業は広告出稿をやめてプレスリリースだけ発信していたら良いのでは？　と皮肉の一つも言いたくなりますが、とはいえ現状では広告費換算以外に広報活動の効果を測定する方法がないため、ＰＲ会社を一方的に責めるわけにもいきません。

■ 算出手法の不明瞭さも大きな問題

広報の効果を測る際の問題は、転載だけではありません。広告換算額についても、その値を客観的に評価する指標があまりにも少ないのです。例えば、あるＰＲ会社は「Yahoo!ニュースに記事が1回出たら１０００万円の価値がある」と言っていると聞いています。Yahoo!トピックスに上がっていなくても、です。前述のリリース転載同様、冷静に考えればそこまでの価値はないのではないかと推察できると思うのですが、意外なことに疑問を感じていない広報担当の方々も一定数以上いるようです。

そもそも広告費換算は、紙媒体や電波媒体において成立する手法です。一例として新聞を挙げれば、新聞は全体のページ数が決まっており、他の記事を読む中で自社の記事に目が留まり読んでもらえるケースが多々出てきます。そのため、記事の面積からどれくらいの人の目に触れるかが想定可能なのです。それゆえに広告効果という形での評価に一定の説得力が付与されていました。

一方で、ウェブメディアの場合、ページ数量が不確定ですし、その日に掲載された全記事を読むことはまずありません。それで新聞に載せた際の広告費と同じような理屈と計算で広報効果を換算しようとするとは、そのこと自体に無理があると言えるでしょう。

無理があるのになぜウェブメディアも広告費換算で効果測定を行うのか？ その理由は、前例踏襲主義です。

本来、広報担当者が確認したいことは「自分たちの活動がどれほどの影響力を持ったのか」であるはずです。そのためにはウェブメディアという新しい媒体に対し、新しい効果測定手法を検討して用いる必要が生じます。しかし、大企業などでは数年で他部署へ異動になることも多いため、わずか数年しかいない広報部のために多大な労力をかけて他の効果測定方法を導入したりしません。そんなことをしたら、自分の評価が前年よりも下がる可能性が高いからです。わざわざ自分の評価を落とすようなことを誰もしないのは、褒められたことではないとはいえ、十分に理解できます。

さらに（きちんと効果が計測できないにもかかわらず）前例踏襲主義によって持ち込まれたデジタルメディアの広告費換算の結果ですら、客観的にその価値を算定する計算式がないことから、現実離れしているほど高い評価が出る広告費換算を好む人も一定数います。私も会社員生活が長かったため、少しでも自分の仕事を高く評価されたいという気持ちは痛いほどよくわかるのですが、残念ながら効果測定という点でそれは全く意味がありません。

■ デジタル化により発生した「情報の重さ」問題

また、もし今後もデジタルメディアの広告費換算を導入し続けるのであれば、「情報の重さ」という視点も考慮に入れる必要があります。

例えばある女性が某ブランドの新作バッグに関する情報を、雑誌とウェブサイトで見ているとします。雑誌は有名なファッション誌で、大きく、美しい写真で掲載されています。一流のモデルがそのバッグを持っている姿を見て素敵だと思えば、切り取ってストックしておくこともできます。

片や、同じ情報が掲載されているウェブサイトを見ているデバイスはスマートフォン。画面も小さく、後からあのバッグはどのブランドのものだったかと思い出そうとしても詳細な情報はほとんど記憶に残っていません。さらに、もしも見ていたのがＴｉｋＴｏｋやインスタグラムのように次々と情報が流れてくるメディアだった場合は、とてもではないですが、どの情報を見たか、後々まで覚えてはいられないことでしょう。

またスマートフォンで得た情報は無料の場合がほとんどですが、雑誌は有償で手に入れた情報です。この雑誌不況と言われる時代にわざわざ紙の媒体を購入してくれた読者と、ネット上に流れてきたタイトルをクリックしただけの、まさに情報を消費しているネットユーザー。情報の価値や重みで言えば、紙の雑誌に掲載された情報は、ウェブのそれと比較して断然重いという印象を受けます。この場合、情報に触れた人数で捉えるとどちらも同じ「１人」ですが、この２人は同程度に購買意欲をそそられていると考えていいのでしょうか？　このバッグの売れ行きに影響を与えるのは、スマホの小さい画面でこのバッグについて知った人よりも、雑誌を購入して読んで、なおかつ切り抜きを保管している人なのではないか、という仮説に異を唱える人はそれほど多くないように感じます。

広報の効果をどう測るか、そして届いてほしいターゲットに情報が確実に届く意味のある媒体はどれか。そして真の意味でターゲットを「動かす」メッセージとはどんなものなのか。

デジタル化した現代に合わせて効果測定をするのであれば、本来広報の活動もデジタル化し、数値化するのが本筋だと考えます。なぜなら、広報は経営と密接に関係しているからです。筆者も経営者の端くれですのでよくわかるのですが、経営者というものは常に数字を求められ、数字で判断されるものです。広報部門が経営機能の一部としてその役割を果たすには、経営層と同じ論理体系で話す必要がある。そしてそこで使われる説得材料もやはり数字なのです。それゆえに効果測定し結果を数字で説明できてこそ、広報部門の存在価値がより正確に評価されるようになるのです。

▣ 大変な割に重要度が低い業務に時間をかけてはいないか

マスコミ対応などにあたる広報部門は華やかなイメージを持たれがちですが、プレスリリースの作成や取材対応といったわかりやすい業務の他にも、アナログで地道な業務、いわゆる「シャドーワーク」が山積していることは読者の皆さんのほうがよくご存じでしょう。他の部署の業務はデジタル化によって効率化しているのに対して、広報に関してはむしろ相対的に業務が増えているような印象さえ受けます。

世界有数の広告エージェンシーを擁するWPPグループの実質的な創業者マーティン・ソレル卿は、『PRWeek』というメディアの中で、インタビューに応じた2020年現在のPRについて次のように答えています。（https://www.prweek.com/article/1688058）

「広報はプレスリリースを書いたり、酒浸りの接待ランチが横行する〝アナログ〟な分野とみなされている」（翻訳は筆者）

だから自らが新しく立ち上げたマーケティンググループにPR会社は必要ないと回答したのですが、この発言に対して、当然PR業界の人々は反発しました。中でもイギリスのメディア測定企業であるメトリコム（Metricomm）のディレクター、マーク・ウェスタビー氏はウェブメディア『Campaign』で次のように述べています。

PRは広告をパーパス（ブランドの存在意義）を訴求するキャンペーンへと昇華させる。PR主導のニュース記事はソーシャルメディアで長期間シェアされる。PRは、コミュニケーションにおける大切な要であり、レピュテーションやイシューを管理するものである。そんなことは釈迦に説法だろう。（中略）同時に、ソレル氏にPRのサポートが必要であることを証明するには、PR業界がやるべきことはまだたくさんある。ソレル氏に前言撤回させたいならば、私たちは進化しなくてはならないのだ。
(https://campaignjapan.com/article/462268)

これこそがまさに筆者が言いたいことです。

広告の世界にはアドテクやマーケティング・オートメーションなど自動化や効率化を推進するツールが数多く登場して、その手法は日々進化しています。一方で、PRは旧態依然としたアナログな立ち位置にとどまったまま。さすがにリリース送付はFAXからメールへと変化しましたが、今でも自社の話題が掲載された記事すべてのクリッピングを求めるクライアントも多くいます。広報において本当に重要なことは「その露出に効果があったのか」を分析・検証することのはずです。にもかかわらず、目を皿のようにしてグーグル検索し、影響力が小さいデジタルメディアであっても漏れなくクリッピングさせられている広報担当者の話を聞くと、その努力に敬服する一方で、残念な気持ちにもなります。

筆者からすると、これは「手段の目的化」に他ならないからです。

「メディアリレーション」は、その言葉の通り、まさに「リレーション」、つまりアナログな人間関係が大切な世界ではありますが、広報業務全体がアナログである必要はないはずです。時代に合わせてデジタル化できるところはデジタルに置き換えながら、最もメッセージが伝わりやすい環境を整えていくべきである、と強く感じています。

▣ 重要度が高い業務＝経営陣が求めるゴールに直結する業務

では広報において「重要度の高い業務」とは何を指すのでしょうか？

広報活動への評価を決定するのは、経営陣の期待値と満足度です。つまり、経営陣の満足度を充足させる業務こそ、重要度が高いのです。

弊社のクライアントであるＩＴ企業の事例をご紹介しましょう。あるとき、その会社がＮＨＫの『サラメシ』という番組に取り上げられました。『サラメシ』とは、多彩な職業の人々のさまざまな昼食風景を取材し、昼食に隠された仕事へのこだわりや感動のエピソードなど、働く人の日常を楽しく紹介する人気番組です。

このＩＴ企業はコロナ禍を機にオンライン上でランチ会を開催しており、その様子が『サラメシ』に取り上げられ5分以上の露出を得ることができました。当時の社長は「会社の知名度アップにつながる、良い取り上げられ方だった」と喜びました。しかし、別の役員からは「この番組での露出は、一体どれくらいの売上に貢献したのか？」と聞かれ、広報担当者が返答に窮してしまったそうです。

マーケティングの世界に「AISAS《アイサス》（※）」という考え方があります。これは、消費者が実際に商品を認知してから購入するまでの購買行動モデルの一つで、Attention（認知・注意）・Interest（興味・関心）・Search（検索）・Action（行動）・Share（共有）の頭文字を組み合わせた造語です。

このAISASを広報に応用してこの事例を考えると、会社の認知向上というのは「Attention（認知・注意）」ですから、それを求めていた社長は満足しました。一方、役員は売上への影響、つまり「Action（行動）」を期待していた。けれどもこの企業はIT企業ですから、『サラメシ』で紹介されても、その企業の商品やサービスが売れることはまずありません。そうなると、役員の期待には応えられていないため、メディア露出の有効性、ひいては広報活動の有用性に対して、この役員の評価が厳しくなるのもやむを得ないことでしょう。

このように、同じメディア露出でもどのような結果を期待するかで評価は180度変わる可能性があるのです。しかし広報は広告と違って、（短期的に）売上に直結させることは考えにくい活動です。レピュテーションの向上やブランディングは、時間を費やしてやっとその効果が出てくるものであることは、この本を読んでいる皆さんであればご存じのことと思います。とはいえ、半期や四半期という短いスパンで株主や市場から業績判断をされる立場の経営陣が、それを理解することはなかなかに難しいのもまた事実です。

今回の『サラメシ』の例は、社長と役員、広報部の間でゴールが共有されていなかったことによって起こった悲劇でした。広報にできること、できないことは何か、自社では広報活動に何を求めるか——。広報が適切に評価されるためには、経営陣に広報の特質を認識してもらい、その上で期待値をしっかり共有しておく必要があります。

※「ＡＩＳＡＳ」は、株式会社電通の商標です。

■ 全社的な理解を得るには

また広報に対する理解を得ておく必要があるのは、経営陣だけではありません。広報の仕事は効果測定が難しいので、広報担当者の業務や日々の行動が適切か、そうではないのかの業績評価も難しくなります。そのため、上長の評価も漠然としたものになりがちです。

さらに効果測定ができない状態では、受けるべき取材と断るべき取材のジャッジができなくなり、受けなくていいものまで対応するということが発生しますが、不必要な取材が続くと、対応する社員から「メディアに出ても何の効果もない」と不満が出てきます。取材に協力している社員も、自分のやるべき本来業務の手を止めて対応しているから当然でしょう。そのままでは社内の理解はますます得られなくなり、取材に非協力的な空気が職場に醸成されてしまいます。そのようなことに陥らないためには「広報を行う目的は何か」「会社の目指すところはどこなのか」を社内で共有することが非常に重要なのです。

有効な方策を一つ挙げるとするならば、社内コミュニケーションを通じて「理念やパーパスをきちんと社員に共有する」ことです。今やほとんどの企業が理念やパーパスを掲げていますが、社員に十分浸透しているかというと、疑問が残る企業も少なからず見られます。理念やパーパスというものは、自分たちの会社が事業を通して世の中にどのような貢献をするのかを明文化しているものですから、社内コミュニケーションによってこれを社員に落とし込んでいくことは、他ならぬ社内広報担当者の大切な役割です。それができれば、社員たちにも自社がそのような活動をしているかの理由が伝わり、自社を誇りに思う企業風土も育っていくことでしょう。そして、社員も広報活動への有用性に対しての理解が深まるはずです。

コーポレート・コミュニケーションの権威である、ポール・A・アージェンティ教授。彼の著書『アージェンティのコーポレート・コミュニケーション』（東急エージェンシー刊）では、本来の広報・PRに含まれる職務は次のようなものであると述べられています。

・アイデンティティ、イメージ、レピュテーション
・企業広告と政策提言（アドボカシー）
・企業責任
・メディア・リレーションズ
・インターナル・コミュニケーション
・インベスター・リレーションズ
・ガバメント・リレーションズ
・クライシス・マネジメント

これらから「企業として、法人として、社会とどのようにコミュニケーションを取っていくかを考えるのが広報・PRの役割だ」とわかります。広報業務の一つには「公聴」といって、ターゲットだけでなくそれ以外の人、加えて行政府の意見を聞いて、それを経営判断に落としこむという重大な任務も含みます。それは自社に対する社会の期待や要請をいち早く汲み取り、経営者に差し出すということです。それができる広報部には、間違いなく経営陣も厚い信頼も寄せるはず。ですから広報担当者は社内外の声をいち早く届けられるよう、経営者に近しいポジションを取る努力を続ける必要があるのです。

2-3 情報激流時代における広報の進むべき道

■ 日本広報学会が発表した「広報概念の定義」とは

ここで、「これからの広報担当者の業務とはどうあるべきか」を考察する前に、日本広報学会のとある発表を確認しておきたいと思います。

2023年6月20日に、広報の学術団体である日本広報学会は「広報概念の定義」を初めて発表しました。それは次のようなものです。

【広報概念の定義】

組織や個人が、目的達成や課題解決のために、多様なステークホルダーとの双方向コミュニケーションによって、社会的に望ましい関係を構築・維持する経営機能である。

ともすればプレスリリースを書くことが広報担当者の仕事のようになってしまっている今日において、この定義のポイントは、広報を「経営機能」と位置付けたことにあります。

そもそも広報は、以前は一体どのように定義されていたのでしょうか。1952年に初版が出版されて以来、PRの教科書として定評がある『体系パブリック・リレーションズ』（スコット・M・カトリップ、アレン・H・センター、グレン・M・ブルーム著、日本広報学会監修、ピアソンエデュケーション刊）には、次のように書かれています。

パブリック・リレーションズとは、組織体とその存続を左右するパブリックとの間に、相互に利益をもたらす関係性を構築し、維持するマネジメント機能である。

以上、70年以上前に刊行された『体系パブリック・リレーションズ』でも広報を「マネジメント機能である」と定義しており、日本広報学会が述べる「経営機能」と近しい考えと言えます。一方で、両者には決定的な違いがあります、それは、自社との関係領域に対する認識です。

『体系パブリック・リレーションズ』は関係性を築く対象を「組織体とその存続を左右す

るパブリック」、日本広報学会は「多様なステークホルダー」と定義しています。比較すると後者の方が組織体の存続を左右しないパブリックまでも含んでいるため、圧倒的に広範囲に及びます。おそらく現代の広報においては、発信するメッセージやコミュニケーションが「相互に利益をもたらす関係」よりも幅広い領域にまで影響を及ぼすと認識しているからだと考えます。

言い換えると、企業が顧客や顧客候補、関係者に届けようとしていた情報は、現代においては発信方法がデジタル化したことにより「誰でも」簡単に見られるようになった。つまり民主化された結果、ターゲットでないはずの人の目に触れ、意図していなかった角度から問題視され炎上するということが起こりやすくなった。もちろんターゲット以外の人の目に触れることで賞賛されることもありますが、どちらにせよ現代の広報はターゲットではない人々もステークホルダーとして認識し、きちんとケアしていくことが求められるようになったのです。

実は2023年の広報学会が発表した「広報概念の定義」は、昨日の今日で決められたものではなく、約2年の検討の末に作成されました（日本広報学会ウェブサイトより）。『体系パブリック・リレーションズ』から約70年、これだけの討議を経て学会としての公式見解を示したのも、社会構造や情報の送受信様相の変化によって〝広報〟を再定義する必要があったからではないでしょうか。

▣ 炎上から考える広報の役割

広報の影響範囲は70年の間に拡大し、企業が社会に対して非常に大きな役割を課せられたようにも見えますが、これは決して急に担わされたものではありません。ここ数年激化している炎上事例を観察しているとよくわかりますが、広報や広告における表現、すなわち一般の人々とのメディアを通したコミュニケーションの方法が稚拙な場合、キャンセル・カルチャーの高まりともあいまって経営へ大きな打撃を与える場合さえあることは周知の通りです。

例えば、2019年に某週刊誌が『お持ち帰り』しやすい大学ランキング」を掲載し、大炎上したことを覚えている人も多いのではないでしょうか。その週刊誌の編集部は、名指しされた大学や女性たちからの猛抗議を受け、最終的に謝罪コメントを掲載しました。

この記事の虚実はさておき、これだけの騒動になった理由の一つは、この記事が想定読者以外の目にも触れてしまったことだと言えます。元々、この週刊誌の読者ターゲットは

30～40代の男性ビジネスパーソンです。かつて紙媒体においては、その雑誌を手に取らない限り、ターゲット読者以外の人々がその内容を詳しく知る機会はありませんでした。しかし現代は「目の前の読者だけを意識していれば良い」という時代ではありません。同じ記事がオンラインでも公開され、さらにその記事がＳＮＳなどで簡単に拡散されるため、読者以外にまで容易に届いてしまいます。そうして起こったのがこの大炎上です。

たとえ相手がターゲットでなかったとしても、ひとたび好ましくないものを世に出せば、企業やブランドのレピュテーションを著しく棄損することになりかねない。広報担当者はこれを共通認識として広報活動に臨まなければならなくなったことは、デジタル化が進んだことによって新たに生まれた課題とも言えるでしょう。

しかし、炎上への対処方法もここ数年でずいぶん様変わりしました。例えば、２０２４年に起きた国民的ドリンク剤の炎上での対応が挙げられます。

ことの発端は男女のモデルを起用した車内広告でした。男性版のコピーは「時代が変わると疲れも変わりますからね」。一方、女性版のコピーが「仕事、育児、家事。３人自分が欲しくないですか？」とされていたことから、「女性ばかり大変な思いをしなければならないのか」「女性に家事や育児を押し付けるのか」と異を唱える人が現れ、ちょっとした騒動となりました。

しかし、これは女性差別ではなく、実際に仕事、育児、家事を担う忙しい女性にこそ、このドリンク剤を飲んでほしいと意図した広告でした。この広告に落ち度がないと判断したこの製薬会社の広報部は「回答を控えさせていただきます」と発表し、無事この炎上を鎮火させました。

かつては炎上が起こると、それは誰が引き起こしたものであれ、企業はとにかく謝罪するというスタンスが多かった印象があります。過去には不買運動などにつながった例もあるので、もちろん今でも軽視してはなりませんが、一方で自社に問題がない時には毅然とした態度を取る企業も増えました。

このように、広報は対外的に「何を出すのか、出さないのか」「何か起きた際にはどのような対応をとるのか」を考える、非常に重要な役割を果たす部署であり、本来は広告も含め対外発信するものはすべて広報が目を通す、という位置付けである必要があります。広報はまさに経営陣と共にあり、会社の方向性を見据えて何をどのように世間に伝達するかを考えていく立場。それこそ、広報学会が広報を「経営機能」と定義づけた本意でしょう。

となれば、現状のようにプレスリリースを乱発しワイヤーサービスを通じて配信することを広報第一の仕事と考えていては、いつまで経っても経営機能を果たせるようにはなりません。第三者評価をより多く得られる働きをして、経営にポジティブな影響をもたらすメディアリレーションを実現する方法を考えていかなければならないのです。

▣ 会社のゴールも広報のスタイルも千差万別

広報の役割が「経営機能」である以上、広報担当者は会社の課題を広報で解決することを目指すべきです。しかしその課題は会社によって異なり、ゴールも会社の数だけある。また、そもそも「どこをゴールにしていいかわからない」という会社もあると思います。新たに広報担当となった人の場合は、前任者や先輩の活動や職務をそのまま踏襲している人が大半だと思います。広報業務には明確な「正解」がない以上、それもやむを得ないことでしょう。そんな状態ですから、一通り前例を踏襲した上で、さまざまな書籍やウェブに書かれている「メディアに取り上げられるための方法論」を試してみる程度しか新しいチャレンジはできないかもしれません。しかし、それすらも自社にフィットするかどうかは別の話ですから、一般化できないということが広報業務の難しさであるように感じています。

広報業務の状況は、所属している企業の規模によっても異なります。

例えば、一人広報部の場合は全業務を一人でこなさなければなりません。タスクだらけで、何から着手したらいいかもわからず、とりあえず見様見真似でプレスリリースを書いているだけという話も耳にします。

対照的に、広報に力を入れている大手企業であれば、広報部に30人以上の部員がいることもあります。この場合はPR会社と契約せずに「自社独自の方法論」で業務を回しているところも多いため、業務が属人化しやすく、人事異動によってそのノウハウがうまく引き継がれないといったことも発生します。知識はうまく継承されないにもかかわらず、過去のメディア露出数などの数字は記録に残っており、前年度実績を超えたい一心であまり意味のない媒体にまで露出しようとして部員が疲弊してしまったという話も聞きます。

また、大企業ならではの問題としては、広報部の状況を大局的に見られる人がいないことが挙げられるのではないでしょうか。プロダクトごとに広報担当がいたり、インターナル・コミュニケーション、紙媒体、デジタルメディアなどで担当が分かれていたりと、非常に細分化しています。細分化しすぎると全体のゴールがぼやけてしまい、とりあえず自分の担当するものだけ結果を出しておけば良いというセクト主義に陥りがちです。こうなると目指すべき本質である「経営機能としての広報」から程遠い状況が生まれてしまうのです。

■ デジタルツールを活用して、行動の見える化を

こうした問題が起こる一因は、多くの企業の営業部門で利用されているような業務支援のデジタルツールが広報部門に導入されていないことが挙げられます。営業はツールを、営業部全体の進捗状況の見える化や、売上に効果的なアプローチに関するノウハウの共有と蓄積に活用しています。しかし、広報にはそのように使えるデジタルツールがほとんどなく、いつまで経っても「なんとなく」で仕事をしている広報部が後を絶ちません。その結果、ともすれば業務が属人化しやすいのです。

現代は情報が洪水を起こしている時代です。その情報の激流の中で、自社がどれだけ輝けるか、ステークホルダーに着目される位置にいられるかどうかには、優れた戦略が不可欠。そして、真っ直ぐに望むゴールに向かうためには地図とコンパスが必要ですが、このデジタル社会の今日、コンパスはＧＰＳに進化しています。このＧＰＳの役目を果たすのがデジタルツールです。

もちろん広報専門のデジタルツールでなくても、「Salesforce」(※) を広報にも使えるよ

うにカスタマイズしても良いですし、「Tableau」(※)のようなツールを活用してもいい。大事なのは、ゴールに向かうにあたって、ルートから外れてはいないか、現在は何合目にいるのかを、ダッシュボード上で誰でも確認できるようにして、絶えず全員で状況を確認しながら進むことです。

だからこそ、どのようなツールでもいいので、まずは自分たちの業務を見える化し、その内容を社内で共有、広報部員全員でその進捗を確認することが定着すれば、その時々で自分たちが何をすべきかが具体的になり、戦略が立てられるようになるはずです。

※Salesforce、Tableauはsalesforce.com, inc.の商標です。

2-4 広報DXに着手する前に

■ 広報活動における行動と結果を見える化する

それでは広報における業務の見える化は、どのように進めればいいのでしょうか。総じて広報部は予算の少ない会社が多いので、まずはコストをかけずにデジタル化を進めることをお勧めします。

最も素朴なデジタル化は、プレスリリースをメールで送ることです。

そこからさらに進み、BCCを使ったメールの一斉配信からDMの配信ツールの導入に踏み切ったとしましょう。この導入により、大量のプレスリリースをミスなく記者に送付できるとともに、開封したかどうかもわかるようになりました。これが広報のデジタライズであり、ここまでが、従来のデジタル化でできることと言えます。

デジタル化の結果として、プレスリリースの読まれ方が変化し、それに関するデータが溜まってくると、リリースの書き方にも変化が生じます。例えば、開封率の高いリリースと低いリリースの違いは何なのか。それはリリースの内容なのか、タイトルなのか、もしくは写真のクオリティなのかなどを考えるようになり、具体的に検証するようになります。これこそが広報におけるＤＸなのです。

つまり広報のＤＸでは、デジタル化によって広報部または広報部員の行動と結果を数値で見える化できるようにすることが第一段階。そして、デジタルツールの活用により効率化が進み、その結果、メディア研究やメディア分析、企画立案等にこれまで以上に時間を割けるようになったならば第二段階。研究や分析の結果から、新しい企画立案ができるようになり、その業務にあたる広報担当者の「行動」を変えられるところまで行って、初めてＤＸしたと言えるのです。

▪ 複合的なデータ活用で、説得力のある効果測定を実現する

広報活動の結果を見える化するメリットは、複数のデータをかけ合わせて新しいインサイトを発見しやすくなる点にあります。

例えば、毎日カウントしている露出記事数をグラフにして、ホームページやＥＣサイトへのアクセス数と比べてみる。従来の広報部では、クリッピング結果を月ごとにまとめて

評価することが多く、日計のデータとして他のものと比較してみるという習慣がありませんでした。その習慣から一歩進んで、クリッピングのデータを折れ線グラフにして他のデータ（ＰＯＳデータやオウンドメディアのアクセス数など）と見比べてみると、それだけで連動性が見えてくるケースがあります。もし毎日の露出記事数とオウンドメディアのアクセス数の伸びの波形が同調しているのであれば、メディアでの露出がオウンドメディアにも影響しているのではないかと推測ができます。その情報があるだけで、経営陣から日々の広報活動の重要性に対する理解を得る一助にもなり得ます。

また毎日のクリッピングデータを用いることで効果を発揮するのが競合分析です。同業種中、他社よりも露出数や露出した記事の量はもちろん、質までも比較できるようになれば、「競合他社に比べて全体の露出数は○％多いが、ポジティブな文脈での露出数は△％少なかった」といった具合に、数値を元に分析ができます。その際、競合他社よりも劣った点があったとしても、その事実を知ることも非常に大切なことです。漠然と「１５０記事の露出が獲得できたから頑張った」と思うよりも、自社の劣っている部分がどこか、露出数が少ないのか、扱われ方が良くないのかなどを知ることで、より質の高い露出や重要媒体での露出獲得に注力できるようになります。もしくは競合他社のいい取り組みを学ぶことで、新たな戦略が立てられるようになります。だからこそ、比較検討できる数値を多く用意して、さまざまな角度から見比べることが重要なのです。

このように、効果測定とは本来、業務改善に役立つ重要な洞察を得るために行うべきものです。ただ単に露出数をカウントして、その数の多い少ないを確認するためのものではありません。「なぜその記事が獲得できたのか」「なぜその記事はユーザーからの反応が良かったのか」といったインサイトは、一つの数字を見るだけではわからないものです。多量かつ多様なデータを手元で見比べられるようにすると、形のない広報活動も、誰が見てもわかる指標で話し合えるようになるのです。

■ データ収集・集計はサステナブルであれ

さまざまな角度から分析するために、多様なデータを相当量貯める重要性については前述しましたが、これは「言うは易く行うは難し」。実際のデータ収集を人の手で行うのはかなり大変です。大手企業の場合、記事のクリップ数が1日で2000件を超えるケースも少なくありません。もしそうであるなら、大量のデータ収集をサステナブルなものにすることが不可欠です。いかに人手をかけずにデータ集計を可能にする体制を整備できるかが、効果測定におけるＤＸの肝になります。

10年ほど前に、こんなことがありました。某大手メディア企業からの依頼を受けた当時の同僚が非常に細かい広報関連データを集計し、一覧で確認できるフォーマットを作成・納品しました。彼が作成したのは、執筆された記事数、それがポータルサイトにどの程度転載されたのか、また記事掲載や転載等によって獲得できたと思われるPV数の推計、そこから導き出される広告換算額、さらには推計リーチ数などを関数で割り出せるエクセルのシート。それを提示したところ、クライアントから多様な分析ができるようになると大変喜んでいただけたそうです。そこで3カ月ほどの試験導入を経て、そのシートは実際に納品されたのですが、半年後、そのクライアントは集計をやめてしまいました。なぜなら集計の前に「手動でデータを入力する」という、多大な時間も労力も必要とする作業の大変さに耐えられなくなったからです。

かように広報業務の分析には膨大な作業コストがかかりがちなため、一般的に企業では、1カ月に1回、もしくは半年に1回などの頻度でまとめて集計し、その期間のみを切り取ったデータを確認するケースが多くなります。入力にかけた労力が多すぎて、得られるリターンが見合わないとの判断でしょうが、それではその瞬間の状態しかわからず、なかなか期や年をまたいだ傾向や全体像が見えてこないという問題が生じます。

加えて、広報やPRに関するデータ集計の難しさは、その複雑さも一因です。例えばクリッピングだと、デジタルメディアと紙媒体、テレビなど、さまざまな媒体が対象になります。また、それらは実際に記者の手によって書かれた記事なのか、転載記事なのか、重要媒体なのか、ポジネガ分析の結果などに応じて仕分ける必要があります。さらに自分たちの情報発信とのひも付けも重要なポイントであるため、プレスリリースによって獲得できた掲載なのか、記者やメディアによる独自取材から発信した記事なのか、メディアイベントを通じて知ってもらえたことなのかなどの判断も要します。最終的には、リーチ数やバズ数など他の指標とひも付けすることも必要です。

このように分類やひも付けが複雑で、一つひとつ判断しないと進められない作業も多いため、人の手で作業し続けるには限界があります。だからこそ、本当に意味のある分析をしたければ、データ集計にはデジタルによるシステム化が必要なのです。これによって担当者の負荷は軽減され、その結果として継続的な情報収集が可能となって、後々の分析に大きく寄与することは間違いありません。

■ 広報担当者の本来の仕事を見直そう

スムーズなデータ集計が実現できて初めて、報告レポートも容易に作成できるようになります。広報担当者にとって報告レポートやリストなどの作成は、それ自体が非常に達成感を得られる作業ですが、本来の仕事は自社のレピュテーション向上につながる施策を企画し実行すること。レポートやリストの作成はあくまでアクションを起こす前段階の作業である以上、作業はすべてデジタルツールに任せるべきです。

そして得られた結果を元に「この数値は何が原因か」「この結果はこの発信によるものではないか」といった議論を部員みんなで進める。それこそが本来の広報担当の役割です。数値をしっかり見て問題を捉え、課題解決の施策を考えるなどを実現していくためには、時間に追われず余裕を持つことが大事になってくるのです。

だからこそ、できるだけ機械化することが重要ですし、機械化すれば多様なデータを日々気軽に見ることができるようになります。

現在は、広報活動の集計に使えるツールが実にたくさん出ています。自社に合うものを探して、人の手を極力介さずにデータを集計し、担当者の能力はぜひデータの分析や企画立案などに注力していただきたいと思います。

COLUMN 2

データ集計を続けるためのツール一覧

広報で活用可能なデータを収集するツールとしては、広報専用のデータ収集ツールに加えて、マーケティング領域で使われているものを流用することもできます。ここでは、無料のツールや少額の課金で使えるツールと、そのツールでできることをご紹介します。

■ Googleアラート

Googleアラートはフォローしたいトピックを設定すると、新しい検索結果が見つかったときにメールが届きます。それを活用して自社の記事をクリッピングするのも一つの手です。精度を気にしないのであれば、無料で使えるので、人手や予算がない企業はまずはこれを活用すると良いでしょう。

■ Googleアナリティクス

すでに使っている方も多いと思いますが、これはサイトに訪れた人の「属性データ」

や、サイト内でどんなページを見ているのかといった「行動データ」を分析して、サイト改善へとつなげることができるアクセス解析ツールです。毎日のクリッピングデータと見比べて、広報活動の成果が自社のサイトやランディングページにどの程度影響を及ぼしているかなどを推測するのに使えます。

■ ChatGPTなどの生成ＡＩ

有料版のＡＩであれば、『Yahoo!ニュース』などある程度限定した範囲にはなりますが、毎日決まったキーワードに関する情報収集をオーダーできます。さらにGoogle Apps Script（ＧＡＳ）というプラットフォームを使えば、それで取ってきたデータを集計して、グラフ化することも可能です。ただし、ＧＡＳの設定はエクセルのマクロを組める人でないと、なかなか難しいかもしれません。

■ ＳＮＳの解析（分析）ツール

ＸなどのＳＮＳに出ている情報や口コミの中から必要なものを集めてくるように指示できる解析ツールがあります。ＳＮＳに特化したソーシャルリスニングツールであれば、数千円など安価で使用できるものもあります。自分たちの得たいデータが取れるかどうかと予算を考慮して使ってみるのも良いでしょう。

■ 既読率や誰が開封したかわかるメーラー

SFA（Sales Force Automation／営業支援システム）などの機能の一つとしてついていることも多いですが、メール開封率や既読率がわかるメーラーがあります。プレスリリースを送る際には、そういったメーラーを活用することで、誰にどのプレスリリースが読まれたか、URLをクリックされたかなどを知ることができます。

こうしたツールを活用してデータを取るのは、広報担当者の手を動かす時間を削減する上でもとても重要です。ただし、複数のツールを駆使した場合には、今度はそれぞれのデータを人の手でひも付ける必要があります。もちろんそれでも、一から人の手で集計するよりはずっと容易になるはずです。もし社内に簡単なプログラミングができる人がいれば、複数ツールの結果を集計しやすいようにマクロを組んで作業を自動化してもらうなど、チャレンジしてみる価値は十分にあります。

さらに、そういったひも付けも自動でしてくれるツールを望むなら、広報向けのDXツールをリリースしている企業もいくつかあります（弊社が開発・運用・販売しているPRオートメーションもそうしたツールの一つです）。機能や使い勝手、予算なども含めて検討してみるといいでしょう。

何度も言いますが、データ集計において大事なのは「続けること」です。そして続けるためには作業にかかる労力をできる限り減らす必要があり、それができて初めて分析・検討する時間を作ることが可能になります。データを集計して終わりではないことを忘れずに、ぜひ自社の広報活動の見える化を進めてください。

第3章

「広報ステージ」を明確にする

広報の置かれている環境を認識しDXの必要性を理解できたら、ここからはDXに向けた実践編です。まず手始めに、自社の「広報ステージ」を明らかにしましょう。自分たちが何合目付近にいるか把握することで、峻険な「広報の山」への登山ルートが想像しやすくなります。この章では現在地の確認方法を説明します。

3-1 「広報欲求5段階説」で自社の現在地を知る

▪ 広報で実現すべきことを登山に例えて考える

これまで広報部門の置かれた苦しい状況や数々の問題点を列挙してきましたが、ここからは広報が経営機能を果たしていくための方策を考えていきましょう。問題を解決し、広報のエッセンシャルな業務に注力できるようになるには、まずは自社における広報の成熟度合いを正しく把握しなくてはなりません。

そして、その上で経営陣と広報に対する期待値を共有することが大切です。第2章でも述べた通り、経営陣が現時点での広報活動に満足しているか、広報と経営陣の視座が一致しているかは重要なこと。さらに、経営陣が広報に求める期待が不当に高いものになっていないかも確認する必要があります。

そのためのメソッドとして、我々は「広報欲求5段階説」を提唱しています。これは、「マズローの欲求5段階説」をベースに考案したものです。

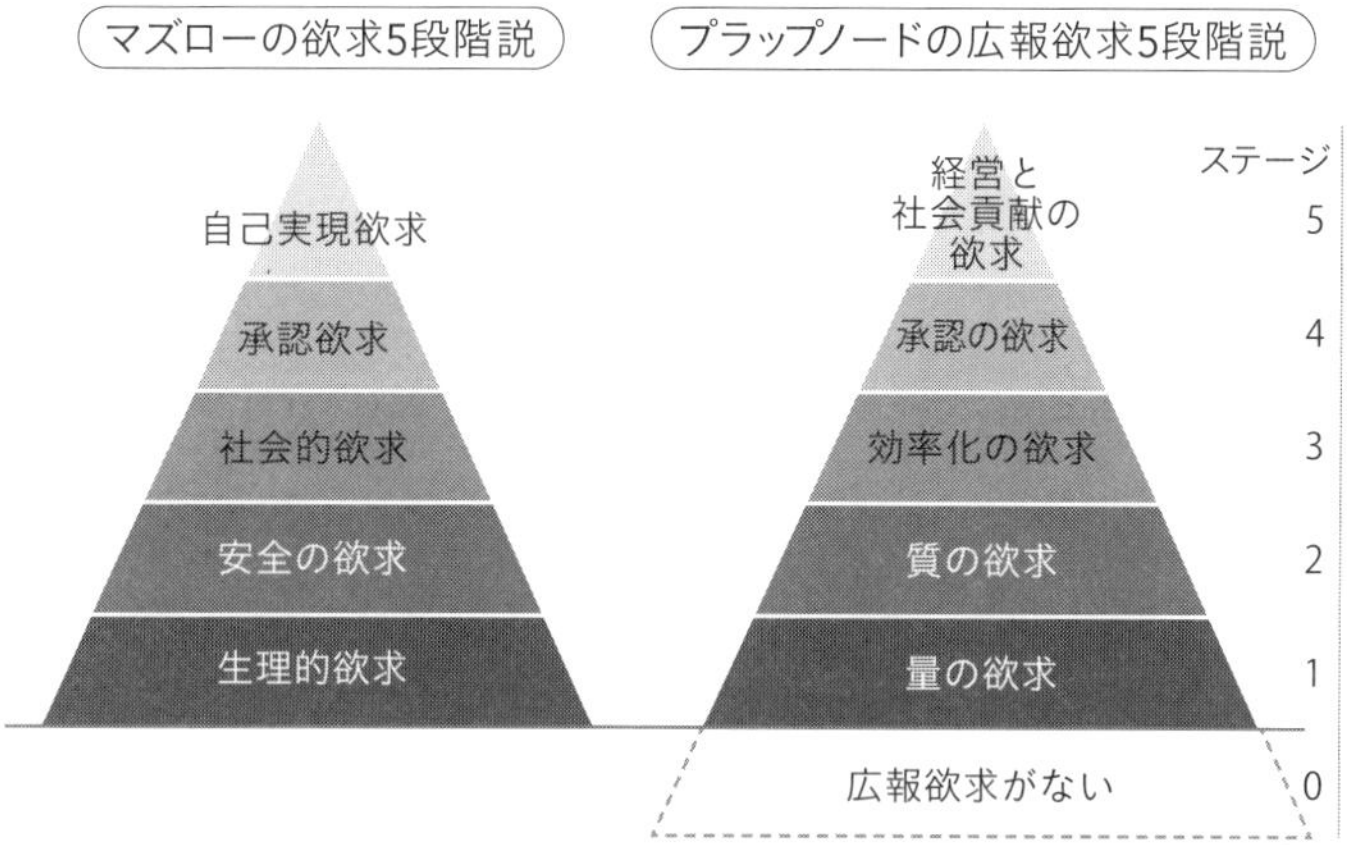

図11 マズローの欲求5段階説と、広報欲求5段階説ピラミッド

マズローの欲求5段階説は、ご存じの方も多いことでしょう。これは、アメリカの心理学者であるアブラハム・マズロー氏によって考案された、人間の欲求を5段階のピラミッド構造で表す心理学理論のことです。人間の欲求は「生理的欲求」「安全の欲求」「社会的欲求」「承認欲求」「自己実現欲求」の5層構造であり、人間はこの世に生を受けた時から、最下位の生理的欲求を始めとしてより高次の段階へと絶えず成長し、最終的に自己実現に至ると説明しています。

筆者は、このマズロー氏の欲求5段階説を模して、広報パーソンもしくは広報チームの欲求も5層構造であるという考え方、「広報欲求5段階説」を唱えています。ステージが上がるにしたがって、その企業の広報活動の成熟度も深まるという考えです。

まずは、この5段階のピラミッドをもとに、自社がどの段階にあるかを見極めていただければと思います。なぜなら、どの段階にいるかによって課題やゴールが変わってくるからです。では、ステージ1から見ていきます。

・ステージ1：量の欲求

ステージ1の「量の欲求」は、広報活動に取り組みたいけれど、何をどうすればいいのかよくわからない、という段階です。そもそもメディア露出経験もほとんどなく、取材されるネタもない。そのため、「メディアに取り上げてもらえる方法がわからない」というのが、よく見聞きする企業側の悩みです。こうした場合の広報担当者によくある思考は「どこでもいいから多くのメディアに取り上げられたい！」というもの。しかしやみくもに広報活動をスタートさせるよりも、まずは配信数や露出量について、自社の過去、または競合企業の状況などと比較してからスタートさせた方が無駄な作業をせずに済みます。

例えば、業界の専門誌など自社にとっての重要媒体が存在する場合、その媒体記事を調べてみる。すると競合他社の掲載もさほど多くなかったというケースがあります。その場合は、競合も同じ状態にあるということですから、焦る必要はありません。

ステージ1にいる企業が陥りがちな行動が「広報活動の仕方がよくわからない」という単純な理由からプレスリリースを乱発し、ワイヤーサービス経由で転載を獲得して満足してしまうことです。メディアの質や内容を問わず、情報を発信し、それが転載されることで、全国紙をはじめたくさんの媒体が自社を取り上げてくれているものと錯覚しているケースも散見されます。

けれども第2章でも述べた通り、これは〝掲載されてもすぐに埋もれ行くチラシ〟に等しいプレスリリースの転載です。そもそも「記事」ではありませんし、残念ながら転載先においてはほとんど人目には触れていないことを理解する必要があります。したがってこの段階にいる企業は、まず記事化されるために、メディアの興味を引きやすい「ネタ探し」を進めることが課題になります。我々はこのネタのことを「広報資産」と呼んでいます。

広報資産とは、例えば社内のおもしろいルールや規約、独自の取り組みなど、記者やメディアに取り上げてもらえそうな「ネタ」を含めた、広報活動に使えるスキルや人脈のすべてを指します。珍しい特技や資格を持った社員も社長の経歴もおしゃれなオフィスも、それらもすべて広報資産と考えることができます（広報資産については第4章で詳しく説明します）。

・ステージ2：質の欲求

次のステージは「質の欲求」です。ステージ2になると、ある程度のメディア露出を得ていても、狙い通りの記事化がなかなか実現しないことが課題になってきます。同時に、自社の動向に興味を持ってくれる記者もそこまで多くない、もしくは見つけることができていないという問題を抱えている広報パーソンも増えてくる傾向にあります。

この場合、単純な露出で喜んでいる段階は終わり、しっかりと媒体研究をして、自社の商品の良さやサービスの本質を深く理解してくれるメディアを見極める必要性が生じます。その上で「このメディアなら良い記事を書いてくれそう」「自社のネタを面白がってくれそう」と思うメディアや記者と、1対1でオーダーメイドのお付き合いをする。そうすることで、記者の方から「いつも面白い情報を提供してくれてありがとうございます」と言われる関係性を構築できるよう努力しなくてはなりません。メディアから「何か良い情報はありませんか？」と頼られる存在にまでなれたら、このステージをクリアしつつある段階と言ってもいいでしょう。ここからが本当のメディアリレーションであり、かつ広報担当者としてメディアリレーションの醍醐味を実感できるようになると思います。

記者と懇意になるためには、その記者ひとり一人の関心領域を知ることが大切です。記者の配属経歴や執筆した記事の傾向だけでなく、ぜひその人の「人となり」に興味を持つところまでトライしていただきたいものです。例えば、一緒に会食する機会があるなら、その記者の食の好みなどを通じてどんな価値観を持つ人なのか、好きになったきっかけを聞くことでどのような人生を歩んできたのかを垣間見ることもあるでしょう。接待して、恩を打って記事をねじ込んで……というのは今日では好ましいアプローチとは言えませんが、とはいえ一緒に過ごす時間が長くなるほど心理的距離が縮まるというのは心理学においてもよく知られた話です。「仲が良い人」「気心が知れた人」が自分の関心のある情報を提供してくれたとしたら、取材がしやすいという点からも記事として取り上げたくなるのは間違いありません。そういう意味でも、記者やメディアと良い関係性を築いていくというのは大事なことです。

・ステージ3：効率化の欲求

メディアへの露出も増加し、さらにこちらの意図を上手く汲み取ってもらえた記事が掲載されるようになってくると、次は効率化を求めるようになります。このステージ3まで到達すると、取材を受ける機会が増えて、メディアの人たちとのリレーションも深化しているはず。すると記者リストの作成や取材対象者の選定、進行管理などのシャドーワークが煩雑になりがちです。また取材後はレポート作成に効果分析も必要になる。やるべきことが倍増し、手間も時間も取られるでしょう。それゆえこのステージで目指すゴールは可能な限り業務を自動化して効率の向上を図ること。これができれば時間の捻出が可能になるため、さらにメディアリレーションを深めたり、より良いＰＲ企画を考えたりすることができるでしょう。

しかしこれには副作用もあります。業務効率化の進む過程において、また新たな問題が発掘されてくるのです。それは「広報業務の属人化」。つまり担当者その人にしかわからない業務や状況が多いことが明らかになってしまうのです。例えば、ステージ２で「記者やメディアとオーダーメイドな関係を構築すべし」と述べましたが、これは言い換えると〝個人間の対人関係〟の領域から脱することが難しくなるということでもあります。

業務が属人化しすぎた結果、同じ広報部内で他メンバーの仕事内容・状況を把握できていなかったり（困ったことに中にはあえてブラックボックス化する人もいます）、また後任者へのスムーズな引き継ぎができず、良好だったはずの媒体との関係にも変化が生じたりすることさえあるかもしれません。

そうなると今度は、役職者がもはや部員をどのように評価すべきかわからないという問題も生じてきます。さらに逆もまた然りで「自分がどんな工夫をしてどれだけの努力をしているか、そしてその成果はどれだけなのか」を上司に伝えきれていないがゆえに、正当な評価がされない部員もいるに違いありません。

しかしこれはあくまで成長過程の〝成長痛〟であり、現在効果的な広報活動ができている企業の多くが通ってきた道です。そしてこの辺りからは本格的なＤＸを必要とするフェーズへと突入していきます。

・ステージ４：承認の欲求

広報業務の効率化実現に向けての「属人化という罠」を回避して、メディアリレーションを深めたり新しい企画を考える余裕が生じたり、そしてそういった成長を遂げた広報部員それぞれの働きぶりを上長がきちんと評価できるようになることは、自分たちの仕事ぶりに対する満足度を高めることにつながります。するとその次には、より多くのステークホルダーに自分の会社や自分たちの仕事ぶりを承認されたいという欲求が湧いてくることでしょう。

新しい広報概念の定義では、多様なステークホルダーとコミュニケーションを取ることが求められています。ステークホルダーの構造は「部署内の同僚」「社内の同僚」「経営陣」「メディア」「投資家」「消費者」「同業者」「ネット民」「市井の人々」といったレイヤーが同心円状に広がっていくものであり、現在は「組織体とその存続を左右するパブリック」を超えた先にいる人々も対象になってきています。

これらのステークホルダーから承認してもらうために行うことの一つに、業種の垣根を超えて広報担当者が集まるコミュニティにおいて、主導的な立場を得るといったことがあります。「広報活動が効果的に回っている会社（とその担当者）」だと広報担当者界隈で認めてもらえることは大変名誉なことであり、またどのように広報業務を回しているのかを学びたい人も多いので、聞かれる側の承認欲求も満たされます。まさにWin-Winの関係を築くことができるわけです。

他社広報部門もステークホルダーであり、そのコミュニティで高い評価を得ることで満足は得られるものの、その後はさらに多くのステークホルダーに認めてもらいたいという欲求も当然湧いてきます。そのためにはすべてのステークホルダーにとってわかりやすい指標が必要となってきます。一例を挙げると、国内外のＰＲ関連アワードの受賞がこれにあたるでしょう。

一方で、ここまで述べてきた通り、これまでにも広告換算額のような「結果を評価する指標」はありましたが、広報パーソンや広報部門の活動をきちんと評価するＫＰＩはありませんでした。きちんとしたＫＰＩがないということは、特に社内、経営陣からの承認や評価を獲得することが難しいことを意味します。

そのような課題をどう解決するか。その一助となるのが、広報活動にまつわるデータの見える化です。例えばメディアAからの取材は誰がどこまで対応していて、次はどの段階なのか。もしくは先日掲載された記事については、どの程度の反響があったのかなどのデータ化についてはステージ3である程度終わっているものと思いますが、今度はそういったデータを活用して「誰でも必要に応じて簡単に分析できるようになる」「上長や経営陣の要求に応じて数字でわかりやすく説明できるようになる」ことを目指す、そのことが必要となってきます。さらには、広報活動が経営に与えたインパクトまでも測れるようになれば、広報部や広報パーソンに対する見方も変わり、より多くの承認を得られるようになるはずです。

ＫＰＩが設定されその達成度合いを計測できるとなれば、自社広報部門と広報活動への適切な評価が可能になります。そのためには正しいゴール設定やＫＰＩが必要になってくるのですが、その点については第5章で詳しく説明します。

・ステージ5：経営と社会貢献の欲求

最後に到達するステージは、経営と社会貢献の欲求です。これは経営課題と、そしてそこにとどまらない社会問題を広報の力で解決したいという自己実現欲求です。自社の経営課題が何か、そしてそれを広報の力でどのように解決すればいいかは、経営陣と広報が一緒になって（時にはＰＲ会社やコンサルタントの力も借りながら）考えていく必要があります。そして、その経営課題解決を通じて、私たちが暮らす社会に対しても一定以上の影響力を行使できる広報活動を実現することが理想です。

経営における課題やゴールは、企業によって大きく異なるため、このステージになるとすべてオーダーメイドで一から作り上げることになります。それはとても難しいチャレンジではありますが、ここまで辿り着いた広報部であれば、きっと経営に資する広報として活躍することができるに違いありません。

・ステージ０：（経営陣に）広報欲求がない

さて、最後にステージ０にも触れておきましょう。ステージ０は、広報を全く何もしていない状態です。この場合、経営者がそもそも広報の重要性を理解していない企業である可能性が高く、人員や予算を付けていないケースも多いようです。

もし、この段階の会社で「広報をしてみたい！」と考える人がいる場合は、経営陣に「メディアを通じた第三者評価によるブランディングの効果」を理解してもらう必要があります。それは記者という第三者が伝える「この会社はこんな良いところがある」「このサービスは使うに値する」といった記事が社会に発信されることの価値を経営陣に理解してもらうことです。まずはそれを理解してもらうために、（さも記事のように見える）タイアップ広告をうまく活用するという方法もあるでしょう。広報的な活動によって社の認知度があがったり、サービスや商品を買ってもらうきっかけになったりすることを、まずは経営陣に理解してもらう。それがステージ0でのゴールになります。

ここまで読んでくださった方は、自社の位置するステージと各課題とゴールがある程度まで理解できたのではないかと思います。さらに広報資産の掘りおこしや、属人化した知見・情報の見える化など、これからの対応がうっすらと見えてきたのではないでしょうか。これらの課題を克服していくためには、広報部だけではかなえられないことも多くあります。まず何から取り組めば良いかを経営陣と一緒に考えてみてください。

3-2 組織図を読み解けば登るべき道が見えてくる

■ 3つに大別される「組織図に込められた意図」

広報欲求5段階説に加えて、あなたの会社における広報部の存在価値や、広報が経営者から何を期待されているのかについては、実は組織図からも多くのことを読み解くことができます。

広報部は、会社で置かれている場所によって3つに大別されます。

①管理系
②営業／マーケティング系
③経営企画／社長室系

①管理系広報

総務部門などに一つのグループとして設置される管理系広報担当の場合は、攻めの広報をしない、問い合わせ窓口のポジションになっている場合が多いようです。ここでの広報は「世の中に自社をどう捉えられたいか」という戦略や志向性は持たず、顧客やメディアから質問があった時に情報を揃えて提出するのがその役割になります。残念ながらこの場合、経営層は広報部門のことを〝コストセンター〟として捉えているケースが多く、そういったところには人員も十分に割り当てられないことが多いので、広報を活かした経営をしていこうとは考えていないケースがほとんどでしょう。

もちろん、すべての企業に攻めの広報が必要かというとそうではありません。例えば、顧客が限定的で、広報活動などしなくても製品やサービスが確実に売れるBtoB企業の場合は「知る人ぞ知る」存在であっても十分だと思います。しかしそのような企業も、人材不足の昨今においては学生を含む求職者に向けた採用広報の必要に迫られており、近年は多くのBtoB企業が採用広報に力を入れています。そのため管理系といっても、人事と関わるポジションであれば、採用広報として期待されている可能性が大きいはずです。管理本部に置かれていても、こうした活動においては広報担当者としての力を発揮することができるでしょう。

②営業／マーケティング系広報

営業部やマーケティング部のように売ることを至上命題とする部署内にある広報担当者のミッションは、「営業成績につながる広報」です。結果が数字として見えるので、管理系広報よりもやりがいはあるかもしれません。しかし、会社によっては、新商品が出た際の「プレスリリースを書く人」として認識されているケースもあります。

営業やマーケティングの担当者から「こういう新サービスだから、プレスリリースを書いて」と依頼され、企画書程度の情報しか与えられずとも、売るための文章を書かなくてはいけない。リリース作成後に確認を取るが、チェックする側に広報やプレスリリースに対する知識があるわけではないため、「どうすれば記者の目に止まるか、興味を持ってもらえるか」という視点はなく、自社都合優先のプレスリリースしか出来上がらないという問題が発生することもあると聞きます。プレスリリースに本来必要な社会性や新奇性に乏しく、結果的にチラシやDMを作っているのと同じような状況になってしまう。これは商品PRなどの広報活動でしばしば起こる流れです。

第2章でも述べた通り、DM化したプレスリリースでは、記者に取り上げられるはずもありません。広報やプレスリリースに理解のあるチームなら問題ありませんが、こうした営業やマーケティングが幅を利かせている企業だと、広報本来の力、さらに言えば広報担当者の企画やアイデアが発揮されずに終わっている可能性があります。

③経営企画／社長室系広報

経営陣に近い経営企画部や社長室直属の広報部のメンバーは、最も理想的な配属だと言えるでしょう。経営層や経営企画担当と話しながら、広報担当として広報活動の目的や目標、結果などを細やかに共有できるポジションにいた方が、広報部門としては動きやすい。ですから、この場合は、広報部の活躍に対する期待は大きいはずです。

経営企画系直属の広報部は、会社全体の舵取りに関われるという意味でやりがいは多いものの、特有の難しさもあります。会社のレピュテーション向上に寄与することが求められる経営企画系広報の場合、話題となるためにはメディアの皆さんに〝刺さるネタ〟を用意しなければなりません。そのためには、良質なクリエイティビティが必要不可欠です。しかし、普段から数字を通して物事を見ている経営陣や経営企画の人々はクリエイティブへの理解が十分でないことが多いのです。

この時に「なぜこの表現なのか」と上司を説得するために必要となるのが、その企画・そのクリエイティブに意味を持たせるデータの存在です。前述の通り、今はテクノロジーの進化によりさまざまなデータが取れるようになりました。こうしたデータをうまく活用することで、企画やクリエイティブといった感覚的なものについても数字で説明できるようになります。

さらにはこうした企画を通じたレピュテーション向上施策の結果も計測できるようになります。この辺のお話はまた後ほど第4章のコラム（バズからヒントを探すツール「Buzz News Analyzer」）で触れられればと思います。

3-3 広報部の位置づけで変わる、担当者に求められる能力

■ 広報欲求ステージと広報部門の配置には、相関関係がある

自社のいるステージと広報部の社内での位置付けを確認したら、広報担当が求められる役割や能力についても理解しておきたいところです。ここからは、前述した「広報欲求5段階説」（P133）と広報部の位置付けをクロス分析しながら、先ほどの組織図の話を軸に説明していきます。

■ 管理系広報に求められる対応力

管理系広報の場合はあくまで受動的な活動が中心。ほぼ窓口機能なので、外部からの問い合わせに対して大過なく対応することが求められる役割です。「広報欲求5段階説」のステージで言えば、ステージ0～1に位置することがほとんどで、ステージ2にいる企業

広報ステージ	目的例	ゴール /KGI 例	KPI 例	求められる能力	広報タイプ
5. 経営と社会貢献					
4. 承認	社内での存在意義	採用への貢献 社内モチベーション向上	採用への応募数 イントラネットPV数 媒体露出ポイント	・関係構築力（社内） ・リーダーシップ	
3. 効率化	ブランディング	媒体影響力の強化 ファン獲得	アクセス可能記者数 取材対応後の露出率 口コミ数・バズ数	・想像力／見立て力 ・巻き込み力	企業広報系
2. 質	高評価/評判獲得	媒体からの問い合わせ数 獲得リード数	重要媒体露出数 ポジティブ記事率 リリース開封率 広告費換算額 検索表示順位	・関係構築力（社外） ・リスク対応力 ・トレンドを読む力 ・情報加工力	商品広報系
1. 量	企業/商品の認知獲得	業界内認知向上 媒体露出数向上	Share of Voice 媒体露出数 取材対応数 媒体コンタクト数 リリース発信数	・体力／ガッツ ・折れない心 ・ロジカルシンキング ・リリース書く文章力	管理系
0. 広報欲求がない	窓口機能			・大過なく対応する力	

表3　欲求段階と所属部門によるクロス分析表

はわずかに存在している程度です。露出量に対するこだわりは少なく、上層部からも露出量やその質について厳しく問われることもほぼありません。なぜなら、このような企業の経営者は、そもそも自社のコアな事業にのみ関心を寄せており、広報には特段の期待を寄せていないからです。広報担当者も「楽ができる」と喜んでいる一部の人以外は、忸怩たる思いを持っているメンバーが多いのではないかと思います。

■ 営業／マーケティング系広報に求められるもの

これが営業／マーケティング系の広報となると状況が一変します。

営業／マーケティング系広報が求められている役割は、企業や商品の認知を向上し、ステークホルダーから高評価を得て、ブランド化するところまで持っていくことです。露出量やそのクオリティについて厳しく問われるようになり、その結果としての売上アップも期待されています。

メディア露出やクチコミの量や質で売上は大きく左右されるわけですから、露出数の獲得は必達目標。テレビに露出できたらインセンティブを払う形でＰＲ会社と契約しているというのも、そんな営業／マーケティング系広報の企業に非常に多く見られます。この時の広報ステージは1〜2で商品の認知獲得に注力していますが、露出獲得のためには記者との親しい関係性の構築が肝要だと認識した企業は、効率化欲求であるステージ3に歩を進めます。

こうした企業の広報担当者に求められる能力は、ステージが上がるごとに変わっていくので、ここではステージ別に見ていきましょう。

・ステージ1

ステージ1の場合は、まずは認知獲得が目標になります。つまり、経営陣から求められるのは露出量です。とにかく自社のことや自社の商品・サービスについて認知されたい段階であるため、媒体への露出量をゴールに設定することが多いでしょう。そのため、リリースの配信数や媒体へのコンタクト回数、取材対応数、媒体露出数、業界内の認知ならばShare of Voice（競合企業や競合する商品・サービス間の広告出稿量やメディアへの露出量を表す数値）などがKPIに置かれることが多い。露出を増やすためには活動量が肝になるため、ここでは体力や記者から冷たくあしらわれてもめげないメンタルタフネスなどが必要となります。またプレスリリース執筆のためのロジカルシンキングや文章力といったものも必要になるでしょう。

・ステージ2

ある程度認知が取れているステージ2では、高いレピュテーションを獲得することが目標です。そのための指標としては、露出量、ポジネガ分析でのポジティブな記事数、記者に送ったプレスリリースの開封率、質の良い露出になっているかを確認する広告費換算値、また質を測る上では獲得リード数のアップなどが重要で、検索表示の順位なども指標になるでしょう。

このために広報担当が求められるのは、社外の人々、特にメディアとの関係性を構築する力やコミュニケーション能力です。また、炎上騒動を招かないためのリスク回避の嗅覚や、社会時流をつかむ能力とそれを踏まえての情報発信力も必要とされます。

・ステージ3

良い評判が取れるようになってくると、ステージ3では効率を重視する段階になります。ここで言う効率とは「効率よく良い評判を取る」「効率よく仕事を回す」の2種類の意味があります。

ステージ3まで来ると、「この商品ならここのブランド」と認知されている段階ですので、媒体への影響力強化やファン獲得などが広報の役割として求められるはずです。この時、こちらから声をかければすぐ記事にしてくれるような、懇意にしている記者をどれだけ抱えているか、取材対応後にどれだけポジティブな記事が露出しているかなどが指標となります。また、ここでのゴールはファン獲得になるので、クチコミ数やバズ数などを見るのもいいでしょう。

こうしたことに応えていくには、広報担当には現状を鑑みてどのような発信をすればいいかを考えられる想像力や見立て力が必要です。また、ファン獲得やブランディングをしていく上では、周囲を巻き込む力も必要になるでしょう。営業／マーケティング系広報の担当者は、こういった能力を段階的につけていく必要があると考えています。

▪ 経営企画・社長室系広報に求められるもの

広報部が経営に近い立場に置かれている企業では、量より質を重視しています。特に大企業の多くはすでに認知度が高く露出も数多く、頻繁にメディアも取材に来てくれるので、自社の狙いと合致する、より良質の露出を効率よく獲得することを目指すことが多いです。社内において広報部がレピュテーション獲得の大きな戦力として認められているため、有能な広報部員をどう評価するかにも力を入れており、弊社にもそのような企業からの相談が多く寄せられています。この場合、ステージは2〜4、多様なステークホルダーとも良好な関係が構築できていると言えるでしょう。

商品やサービスの売上に成果がひも付いていく営業／マーケティング系広報と違い、経営企画／社長室系広報は、自社そのものの好感度を上げていくことが目指すゴールになります。営業／マーケティング系広報と同じようにステージ1、2、3と成長を遂げることは同じですが、ステージ4の「承認」が得られる状態を目指していかなければなりません。この承認のステージは、対外的な評価を得て認められることはもちろん、社内に広報活動の意義を浸透させ、広報部の評価を上げていくことが重要になります。

広報部門はこちらからの働きかけをしなければ他部門との関わりが少ないため、何をしている部署なのか、社内からあまり理解を得られていないことが多いようです。ですが、経営企画／社長室系広報として、ステージ5の「経営機能を果たせる広報」を目指す以上、「広報部があって良かった」と思われる存在になりたいものです。

社内でそう思われるためには、彼らに対して何かしらの貢献をしなければなりません。そこで広報ができることは、採用広報活動、社員モチベーションやロイヤリティのアップなどが挙げられます。メディア掲載情報を周知し、「我々の仕事はメディアに取り上げられる価値があることなのだ」と伝えていく。そういったことがロイヤリティアップにつながるはずです。

また、社内報をイントラネット内で行っているのであれば、イントラネットのＰＶ数も指標になります。取材や媒体露出に協力してくれた社員にポイントを付与する制度を作るなどして、広報活動への貢献に対する評価をすることでも社内からの信頼を高める施策になります。

広報活動を効率よく、高評価を獲得できるように進めていく上では、他部門社員の協力が不可欠です。経営企画／社長室系広報がステージ４で求められるのは、社内の人との関係性構築ができる、周りの人たちを巻き込みリーダーシップを取れる能力だと言えるでしょう。

このように、その会社の置かれている広報のステージと、組織内で求められている役割によって、広報担当者に求められる能力は変わっていきます。自分たちがどのようなタイプの広報部で、どのステージに位置するか。改めて自己分析をして、今後どのような能力を身につけるべきなのかを確認してみてください。

3-4 ステージアップの進め方

この「広報欲求5段階説」とは、すなわち広報担当者のステージであるとも言えます。新人はステージ1の業務から始めて、2、3、4と役割も責任も上がっていく。広報担当者の評価にも使える指標になっていると思います。ここではそれぞれに求められる能力と、その習得法を考察します。

■ ステージ0からステージ1：日々の業務を確実に

広報担当者はステージが上がれば上がるほど、スキルはもちろん、経験や人望、リーダーシップなどの能力も求められるので、社会人としてレベルアップしていかなければなりません。現在のステージから次に上がるためには、一体なにをすれば良いのでしょうか。

筆者は広報担当者が求められる能力は、基本的に積み上げだと思っています。例えば、ステージ2の能力を有していても、ステージ1の能力が皆無であれば広報担当としては評価することは難しいでしょう。やはりステージ1から経験を積んで、徐々に習得していくのがベストです。

ステージ0に関しては、そつなく対応する能力があれば良いですし、ステージ1もまずは実践といった段階なので、行動量を増やして一つひとつこなしていけば良いと思います。

▪ ステージ1からステージ2へ：情報を見極める能力を身につける

ステージ1から2に上がるには、工夫や努力が必要になるでしょう。例えば、ステージ2に必要なトレンドを読む能力や情報加工力を得たいのであれば、競合他社の掲載記事を見ることをお勧めします。ライバル社が取り上げられた記事を探し、その量を把握して内容を分析し、インプットしてみる。可能ならば、その記事の元となったプレスリリースを読み込み、記者の興味を引いた要因は何なのか、社会のトレンドとの係り方などを考察するのです。これらは左脳で対応できる力なので、数値や情報を意識して見ることで学べるはずです。

また、リスク対応能力、特に炎上対応に関しては、他社の炎上事例を子細に分析することで身につけることができます。一体何が原因で炎上したのか、どの表現が良くなかったのか。そういったことを整理するだけでもかなり回避できるようになるはずです。現在起きている炎上の多くは、ジェンダーや働き方に対する表現です。前述したように現在はターゲット以外の人にも簡単に情報が届く時代ゆえ、さまざまなメディアに目を通して、何が流行っていて何が消費者や生活者の気に障るのかを認識しておくのは重要なこと。今、多くの人が敏感になっているワードや表現方法は使わない、もしくはそれをうまく加工する能力を身につける訓練をしておくのも良いと思います。

ステージ2に上がるための能力をものにする方法としてお勧めなのは、紙で新聞を読むことです。新聞は、ある意味で究極のキュレーションメディア。そのため「今日知っておくべきトピックス」が一通り載っています。最近はアプリやウェブで見る人が増えていますが、一覧性という意味でもインターネットの記事より見やすいですし、社会を横断して理解する一助となります。社外の人とのコミュニケーションの話題探しにも便利です。新聞で情報収集をしながら、トレンドやリスク回避を意識しつつリリースを書く練習をする。そういったことで、この能力は身についてくると思います。

■ ステージ2から、ステージ3・4へ：目的達成に向けた巻き込み力と誘導力が鍵

ステージ2の能力を携えている人にとって、ステージ3や4に上がるのはそれほど難しいことではありません。ステージ3・4で求められるのは、〝1対多数〟のコミュニケーション能力。1対多数を意識しながら企画や発信の仕方を考えることを習慣にできれば、想像力や見立て力については、自ずと伸びていくと思います。これは、ステージ2で経験を積む中においても獲得できるでしょう。

ステージ3・4になると、広報担当としての能力というよりも、目的到達のために周囲を巻き込む力や誘導する力が必要です。ある意味で社内の調整能力や社内政治力学も関係するため管理職的な能力が求められるとも言えます。

■ 広報担当者は企業を高いステージへと上げる存在

ここまで広報部門の主なポジションについて考察しましたが、大企業では広報担当は多岐にわたる部署に置かれていることが多いようです。広報部は存在せずマーケティング部

の中にブランドやプロダクトごとに広報担当者がいる会社もありますし、マーケティング部とは別に、企業情報を発信するコーポレート広報部があるなど、実に多様なパターンがあるのです。

しかしいずれのパターンであっても、広報が実力を発揮できれば企業はより高みを目指せるはずです。もちろん何もせずとも業績が安定している企業は数多くあるでしょう。けれどもそれはあくまで安定しているのであって、伸びているわけではありません。そう考えると、次のステージに上がっていく、新しいフィールドに乗り出していく際にこそ、広報という機能をうまく活用するべきです。

広報担当者の皆さんには、その気概を持って、日々の業務にあたっていただきたいと思います。

3-5

広報を武器にしたい経営者が知っておくべきこと

▪ 人の心に残る広報は、小さな爆発を繰り返すこと

ここまで広報部や担当者に必要なことをお話ししてきましたが、当然経営者も広報について理解しておくべきことがあります。

筆者が経営者に対してアドバイスするなら、まずは「広報に期待しすぎてはいけない」と伝えます。なぜなら、広報が結果を出すには時間がかかるからです。私自身も経営者ですから気持ちはよくわかりますが、四半期や半期ごとに結果を求められる経営者は短期間で結果を求めてしまいがちです。しかし、広報がその力を発揮するには、とにかく時間を要するものだと心得てください。

例えば『日本経済新聞』の1面に1回取り上げられたとしても、すぐに自社が認知され社会が好意的に受け止めてくれることにはなりません。1回の掲載では目を向けない人も多い上、さらに記憶に残してくれる人がどれだけいるか——。

15年ほど前の話になりますが、筆者の広告代理店勤務時代、映画のプロモーションを担当していた時期のことです。テレビCMを何回見てもらえれば人の行動に変容が起こるか（つまり映画館に足を運ぶ気になるか）の分析を行っていました。テレビCMの費用対効果を調べていたわけですが、映画の前評判などに影響されるとはいえ、その当時はどの映画でも「概ね5回程度の接触が必要」という分析結果が出ていたと記憶しています。

これは広告の話ではありますが、おそらく広報も同じことが言えるでしょう。『日本経済新聞』に出た後にテレビ東京『WBS（ワールドビジネスサテライト）』に取り上げられて、『週刊東洋経済』でも大きく取り上げられて……と短期間に一定数以上の露出を獲得して、ようやく認知につながる程度だと考えられます。しかも、今日の情報洪水時代においては、何度も取り上げられなければ人の心には残りません。小さい爆発のようなものを何度も起こしていくような情報流通設計をしないと、ビッグバンを起こすのは難しいのです。

この世に出回る情報に一般消費者が触れる頻度を「フリークエンシー」と言います。広報においてはこのフリークエンシーがとりわけ重要で、それをどのように生み出していくかを真剣に考える必要があります。

もし、取り上げられる回数を増やしたいのであれば、広報部を経営企画部のようなポジションに置くことが必要です。情報がすぐに入手できる場所で、自社の広報資産をどのタイミングでどのように打ち出していくかを経営者と話し合い、スピード感を持って戦略的に取り組んでいく。広報の力を生かすためには、そういう体制と戦略が必要であることを、経営者の皆さんには知っておいていただきたいと思います。

▣ プレスリリースに必要な社会性、時事性、新奇性と「ＹＴＴ」

他にもありがちなことは、経営者は自社の商品やサービスに自信を持っていることが多いので「こんな素晴らしい商品／サービスについてリリースを書くのだから、メディアが取り上げないはずがない！」と盲目的楽観状態になっているケースです。

しかし、よほど画期的な商品やサービスならともかく、本人が思っているほどメディアには響かないということがほとんどです。もちろんプレスリリースの書き方の問題もゼロではありませんが、そもそも商品やサービスがそこまでの話題性を有していないことのほうが多いのです（だからこそ、巧みな広報戦を展開する必要があるのですが…）。そのことを理解していない経営者は、メディアになかなか取り上げられない場合に「広報なんて意味がないじゃないか」と広報活動をすぐにやめてしまったり「広報担当のプレスリリースの書き方が悪いんじゃないか」と言い出したりします。特に、プレスリリースに関しては「プレスリリースさえ出せばメディアに取り上げてもらえる」と思い込んでいる経営者が散見されるので要注意です。

前述の通り、広報はとにかく時間がかかるものです。広告はいわば即効性のあるエナジードリンク。投資をするとすぐ効果を感じます。一方の広報は地道な体幹トレーニング。日々の地道な努力は即効性には欠けますが、本当の意味での健康への道筋と言えるでしょう。

またプレスリリースはただ商品やサービスの紹介を書くのではなく、社会性や時事性に絡めて書かなければなりません。「こういう世の中だから、我が社のこのサービスが必要でしょう？」とアプローチするわけです。そこにさらに新奇性があるとなお良し。社会性、時事性、新奇性の3つは、プレスリリースを書く際の必須事項です。

さらに「YTT」の要素も織り込む必要があります。これはYesterday、Today、Tomorrowという3つの時間です。これは、「今まではこうなっていて、その結果今日はこういった状態です。そしてこの商品／サービスによって、未来はこう変わります」という変化を知らせる要素のこと。これも〝伝わるプレスリリース〟の一つのポイントです。そういった社会的に及ぼす影響がプレスリリースに織り込まれておらず、ただ単に新商品を紹介するプレスリリースを書いても、なかなか記事化されないのは当然のことです。第三者に評価されて初めて世の中に受け入れられるのだということを、経営者もしっかりと理解しておく必要があります。

■ 広報課題達成の案内人を見つける

このように考えると、「広報欲求5段階説」のステージ5に掲げた「広報で経営課題を解決する」というのが、とてつもなく高い頂であることがおわかりいただけるのではないでしょうか。闇雲にただ活動していても到底辿り着けない境地であるエベレストの山頂、それが「広報で経営課題を解決する」です。となれば、どの登頂ルートを選択するのかがとても重要になります。道半ばでこの道を行くのは難しいようだと感じたら、引き返して別のルートを探さなければならないこともある。広報は本当に一朝一夕でできることではありません。

その場合はデジタルツールを活用したり、PR会社を頼るのもいいと思います。デジタルのツールをGPSとして使いこなしながら、最適なルートを探し出す。そしてPR会社はその山の頂もそこまでの登頂ルートも熟知している「シェルパ」のような存在です。

「シェルパ」とは、ヒマラヤ山脈登山時にガイドをする山岳民族のこと。道案内もするし荷物も持ってくれる。そんな便利なギアと優秀な登山ガイドの協力があって、登山家たちはエベレストという世界一の山に挑めるのです。

COLUMN 3

国内外のPR関連アワード一覧

広報部の効率化が一段落し、ステージ4の社内外からの承認を目指す段階になった際には、国内外のPR関連アワードの受賞を目指すのも良いでしょう。広告ほど数は多くありませんが、ここでは、主なアワードをご紹介いたします。

【国内のアワード】

■ PRアワードグランプリ

公益社団法人日本パブリックリレーションズ協会（日本PR協会）が主催するPRアワードグランプリは、コミュニケーション技術の質的向上およびパブリックリレーションズに対する一層の理解促進を図ることを目的として設立されました。協会会員に限らず、誰でも応募可能です。

■ **ACC TOKYO CREATIVITY AWARDS**

１９６１年から開催されているACC CM FESTIVALを前身とする、国内最大規模のクリエイティブのアワードです。２０１７年からその枠を大きくひろげ、あらゆる領域におけるクリエイティブを対象としたアワードとなりました。さらに２０２３年からＰＲ部門が設立され、広報部門も受賞の可能性が拡がりました。

【海外のアワード】

■ **カンヌライオンズ国際クリエイティビティ・フェスティバル**

毎年６月に南仏カンヌで行われる、世界最大規模の広告・コミュニケーションフェスティバル。１９５４年に設立された最も権威ある広告賞の一つであり、全30部門の中にはＰＲ部門も用意されています。

■ **The SABRE Awards（セイバー賞）**

世界的なＰＲ会社の格付け調査会社ホルムス・グループが主催する賞で、世界約60カ国、５５００件以上のエントリーから、ブランディングおよびレピュテーションの構築において優れた業績をおさめたＰＲキャンペーンを表彰しています。

■ ＩＰＲＡゴールデン ワールド アワーズ

ＰＲの論理、実務、技能を最高水準に引き上げることを目的として設立された国際ＰＲ協会（ＩＰＲＡ・本部：ロンドン）主催。世界の優れたＰＲ活動を表彰する国際ＰＲアワードの最高峰の一つです。

■ スパイクスアジア

カンヌライオンズの地域版、ＡＰＡＣを対象としたアジア地域最大級の広告コミュニケーションフェスティバル（全24部門）でＰＲ部門も設けられています。毎年シンガポールで開催。

■ PR Awards Asia

ＰＲ・マーケティング業界メディアの出版社「ヘイマーケットメディア」が主催するアワードで、優れたＰＲを行ったブランドやチーム、人に賞が与えられます。毎年３〜４月ごろに香港で開催。

広告業界では広く行われている国内外アワードへの応募ですが、そこにPRの部門も続々と創設されており、広報を専門とする人たちが参加できる間口は以前と比べても広がっていると感じています。国際的なアワードにおいては日本からの応募はまだあまり多くなく、主催している関係者から筆者宛に「日本からの応募を増やしたいが、どうしたらいいか」という相談を受けたこともあるくらいです。

応募にあたっては、費用がかかる上に企画のプロセスなどの途中経過を動画で収めておくといった追加の作業が増えるというデメリットはありますが、受賞した時の喜びはひとしおですし、広報部内の士気も高まります（実は弊社のサービス「PRオートメーション」は、2021年のPRアワードグランプリにおいて奨励賞を受賞しており、皆で祝杯を挙げ喜びました）。ぜひ皆さんもチャレンジしていただきたいと思います。

第4章

「広報資産」を可視化すれば広報は強くなる

効果的な広報活動を進めていく上では、広報に活用できる自社の情報（広報資産）を把握し、整理し、管理しておくことが不可欠です。登山に例えれば、自社がどんなギアを持っているかを確認した上で、いつでも使える状態にしておく感じでしょうか。本章では、広報資産についての解説と、それらの見つけ方・集め方などについて紹介します。

4-1 広報資産とは何か

▣ 3つに分類される広報資産

すべての企業は「情報資産」を保有しています。これは、組織や社員が保有する「ヒト・モノ・カネ」に関するあらゆるデータや情報、もしくはそれに関連する資源のことを指します。顧客情報や購入履歴などはもちろん、人事情報、財務情報、事業計画書、契約書類、製品技術情報、仕入れ先、製品ブランドや企業イメージ、営業活動などに関するノウハウ、自社サイトのソースコードなどありとあらゆるデータや情報はすべて情報資産に含まれます。デジタル化が進む現代のビジネス環境において、情報は企業にとって適切に管理すべき重要な資産です。

その広報版が、筆者が考えるところの「広報資産」です。具体的には、自社にまつわる事柄のうち、広報に活用可能な人材や資源、取り組み、過去の広報活動のレポートなどを指します。そう言われても瞬時に思いつくのはメディアリストと露出結果くらいかもしれませんが、実際に認識していないだけで他にも多数あるはずです。広報担当は、この広報資産をきちんと把握し可視化しておくことが必要です。

我々は、広報資産には次の3つがあると考えています。

1 ネタ資産
2 つながり資産
3 スキル資産

では、それぞれについて詳しく見ていきましょう。

1 ネタ資産

「ネタ資産」とは、社内にありながら見落とされている、広報に活用できそうな情報を指します。「非常に珍しい資格を持つ社員がいる」「仕事で得た知識を活用してボランティアに取り組んでいる社員がいる」などがその典型です。例えば、人事部が行っている女性のキャリア構築支援策が他に類を見ないものであったならば、ビジネス誌や経済紙で紹介してもらうということもできるでしょう。商品開発ストーリーや社長の立身出世話なども実際に雑誌やテレビで多く取り上げられていますので、重要な広報資産と言えるでしょう。

また、「失恋休暇」のようなユニークな制度を採用している企業もありますが、そのような他企業にない規約や福利厚生なども立派なネタ資産。おしゃれだったり遊び心があったりと特徴的で、ドラマなどに貸出可能なオフィスや社員食堂、ラウンジなどがあるなら、それも資産としてカウントできます。

このようなものを定期的に整理しておき必要になった時にすぐ取り出せるようにしておくと、メディアからの問い合わせというチャンスを逃さず露出へとつなげることができるでしょう。

2 つながり資産

「つながり資産」とは、記者やライター、メディアの担当者など、人とのつながりのこと。さらには、ＫＯＬ（キー・オピニオン・リーダー）やインフルエンサーとの良好な関係というのも、立派なつながり資産です。また「全店制覇しました！」というような自社の熱烈なファンの方がいれば、その方にメディア出演していただくことも可能かもしれません。

他にも、意外なところでは、同業他社の広報担当者も非常に大切なつながり資産です。折に触れて情報交換をしたり、メディアの記者や編集者、ディレクターを紹介してくれる可能性もあります。実際、本書で取り上げている『サラメシ』に取りあげられたＩＴ企業も、同業の広報担当者の集まりで「『サラメシ』がネタを探しているみたいですよ」という話を聞き、オンライン・ランチ会の情報を提供し、取材につながったということです。

特に商品・サービスが一般消費者向けではないBtoB企業の場合、露出できるメディアが限られるためか、同業他社の広報担当者も同じメディアとつながっているケースが多いです。この場合、彼らが取材対応時に得た情報をシェアしてくれたり、露出させたい内容について相談した際には記者を紹介してくれたりすることもあります。ですから、同業他社の広報担当者をライバルとは考えずに、業界を盛り上げる同志として良好な交友関係を築きたいものです。

3 スキル資産

「スキル資産」とは、自社ならではのプレスリリースの書き方や体裁、取材対応法のような知見や技術を指します。「我々はずっとこの書き方でメディアに取り上げられてきた」というプレスリリースの書き方があれば、それを脈々と引き継いでいくべきでしょうし、記者向けの説明会や取材対応の仕方も企業ごとに違います。その会社なりのSNSの情報発信方法やファンとのコミュニケーションのコツなども立派なスキル資産です。

スキル資産の中には「突然訪問してもメディアの方に嫌われない方法」や「こんなアプローチだとテレビから取材がされやすい」という個人の才能やスキルも含まれます。

例えば、いわゆる〝中の人〟としてSNS上でユーザーとのエンゲージメントを高めるのが上手な社員がいる場合、それはそのメンバーの「スキル資産」になります。可能であればそういった個人の才能やスキルも社内で共有されやすい形でマニュアル化・データベース化されていると、より活用しやすくなるでしょう。

「接待店リスト」「メディアの皆さんに喜ばれる宴会芸」などもかつてはスキル資産であったはずですが、現在はそういうことをあまり好まないメディアの方々も増え、企業もコンプライアンスに注意を払うようになってきています。そのため、こうしたスキル資産は適宜見直し整理していってよいでしょう。

▪ 価値ある広報資産たる3条件

さて、これらの広報資産ですが、「ネタになればなんでもいい」というわけではありません。そこで、筆者は「価値ある広報資産の3条件」を考えました。

1つ目は「会社／経営陣の目指す方向性と合致している」こと。これは「広報欲求5段階説」のところでも述べましたが、非常に重要なので繰り返しておきます。課題が異なれば目指すゴールも変わり、そのゴールを達成するためには利用する広報資産も変わります。会社や経営陣の目指す方向性はしっかり確認しておく必要があります。

2つ目は「常に更新されたデータである」こと。広報資産の棚卸しが重要であるのと同じく、常に広報資産はデータ化して最新の情報にしておくことが不可欠です。情報更新を怠ると、メディアに登場してもらおうと思っていたユニークな社員が「3カ月前に退職していた」ということも起こりえます。こうなると取材先が見つかったと期待してくれていた記者を失望させてしまうことになりかねません。メディア業界でのレピュテーション低下は、文字通り広報部門にとって一大事です。

3つ目は「他の情報や広報資産と連携できる」こと。例えば、売上向上を目指すなら、売上情報とデータ連携していれば、メディアで露出があった時にどの程度売上に反映されているのかをチェックすることもできます。残念ながら広報活動というものはダイレクトに売上に反映されることは少ないのですが、他の情報も連携しながら動きを確認していくことが大切です。

そのために重要なのはPOSデータやHRのSaaSなど、販売情報や人事情報、組織情報などにおいてつなぎこみ可能なツールを活用し連携しておくことも必要でしょう。連携可能という点においては、情報資産と類似点があります。情報資産も単体では意味を持たなくとも、他のデータと連携させることで価値を生むものが数多くあるように、広報資産も広報以外のデータと連携させることで新しい価値を生むことがしばしばあるからです。

このように広報資産はとにかく「見える化」するのが業務の肝です。データ化して情報更新も確認も容易な環境を整えておかなくてはなりません。そして、情報は常に最新の状態にしておく。これができなければ環境整備にも意味がないため、非常に重要なことです。こうして広報資産を整えておくことで、露出のチャンスが巡ってきた時に、それを逃さず結果を生み出すことができるのです。

4-2 広報資産の発掘と醸成には戦略が必要

▣ ネタ資産を発掘する

広報資産の掘り起こしをするにあたり一筋縄でいかないのがネタ資産です。例えば、名物社員をネタ資産として把握したいと思っていても、全社員の業務や特技、業務外での活動やチャレンジなどという情報は、そう簡単には得られません。

そのような情報をつかむためには、社内のキーパーソン、ハブとなっている人と関係性を構築していく必要があるでしょう。長年勤めている情報通の社員と交流を持つなど、社内へアンテナを張り巡らせておくことが重要です。時には、用事を見つけて他部署へ出掛け、雑談をするのも良いかもしれません。

■ 社会情勢と絡めたネタとは

また、いっそ会社のルールや福利厚生などを新しく作ってしまうという方法もあります。社内で新しい福利厚生を新設する際や全社でのイベントを行う場合などに広報部起点で考えて企画提案をしたり、「どうせならメディアに取り上げてもらえるものを考えませんか？」と関係者に働きかけてみてはどうでしょうか？（第3章でも述べた通り、広報には周囲を巻き込む力も必要です）

その場合に意識すべきは社会情勢との掛け合わせです。広報資産を打ち出す時に重要なのは、なんといってもタイミング。メディアが取材したい時に時事性や新規性のある材料を記者の目前に出せるかどうかにかかっています。ですから、適当な情報がないのであれば、経営方針に沿うものでメディアに取り上げられそうなものという視点で考えてみてもいいかもしれません。いっそのこと、「社員が福利厚生を考えて会社に提案する」ということ自体を企画にしてもいい。その企画を人事・労務系の記者に「こういう取り組みをするので取材に来ませんか？」と持ち込むことも一つの方法だと思います。

『サラメシ』に出た企業の場合、「オンライン・ランチ会」を始めたのはコロナ禍によって社員の出社頻度が下がることで、経営者が「社員間のコミュニケーションが減るのではないか」と懸念を抱いたのがきっかけでした。その不安を聞いた広報担当者が「オンラインでのランチ会をしませんか？」と提案したことでスタートしたそうです。メディア露出を目的に開始したことではありませんでしたが、広報担当者がトップの課題を解消し、時事性と掛け合わせたことでテレビ出演につながった。広報業務として理想的な事例だったと言えるでしょう。

社内のことを知っておく一方で、社会情勢にも常に関心を持つ。そうして、社内のネタと社会情勢を掛け合わせることで、良い広報施策が生まれてきます。

■ つながり資産の醸成には広報力が生きる

つながり資産は個人の関係性にひも付きやすい資産です。これを広報部および会社の資産とするためには、関係性をオープンにして多くの部員とつながりを持たせることが必要になります。

例えばジャーナリストやインフルエンサーとの関係性も一人の部員だけに担当させるのではなく、他の部員も顔見知り程度の面識は持っておきたいところです。例えばメディアキャラバンの時、メインで説明する広報担当者は決めるにしても、アシスタント、パートナーはその都度交代する。在宅勤務が増えメディアキャラバンが減少している昨今、ＯＪＴの絶好の機会となる上に、ライフイベントによる退職や人事異動が生じた場合でも「面識あり」「名刺交換済み」のメンバーで最低限のカバーは可能になります。担当者を固定すれば効率面でメリットがありますが、〝選手層が厚い〟ことは、いざという時に会社としてのダメージを最小化でき、広報部の戦力の底上げにもなると理解しておいてください。

同様に社内においても、広報部員と他部門社員との交流の場を設けるなど、ゆるくつながる環境を用意しておきたいものです。広報部単体での企画が難しいようであるならば、管理部や総務部を巻き込んで全社的な交流イベントを設けるように働きかけると良いでしょう。

社内外を問わず、広報担当者は人懐っこさを発揮するべきと感じます。先天的な資質があればそれに越したことはありませんが、そうでないと思う広報部員も、ここは努力してほしいところです。業務に忙殺されてデスクにかじりついていては、情報収集も人脈形成もできません。広報担当者同士の交流会などに顔を出すのもおすすめです。業務の悩みも相談できるでしょうし、人付き合いや人間性でもお手本にしたいと思えるロールモデルやメンターに出会える可能性もあります。さらに付け加えるならばネタ資産の掘り起こしに関しても、サークル活動に参加したり、情報通のキーパーソンと親しくなるのは効果的なはず。フットワークの良さ、これは意識することで身につけられるものなので、ぜひ取り組んでいただきたいと思います。

▣ スキル資産の鍵は「共有」

スキル資産には、個人にひも付くスキルと会社にひも付くスキルが存在します。

例えばプレスリリースの書き方や取材対応というものは個人の得意不得意が生じやすく、ともすれば属人化しやすいものです。自然な流れに任せてはスキルが後任・後輩社員にうまく引き継がれないといったことも発生するため、マニュアルなどに落とし込むことがとりわけ重要です。

しかしマニュアルだけでは、スキルの継承が難しいケースもあります。企業の不祥事対応などの難しい取材に向き合う時の独特の空気感や、テレビやウェブなど媒体ごとに異なる記者の雰囲気など、言語化が難しいものはデータ化・デジタル化もしづらいものです。まさに体験しないとわからないタイプのスキルについては、ＯＪＴで身につける以外に方法はありません。大企業の広報部内では担当が細分化されているケースもありますが、スキルの継承という点では、隣のチームが主幹するメディアイベントにも参加させるといった「部内留学」制度などを用意しても良いかもしれません。担当者の異動退職にも狼狽しない強固な体制にしていきましょう。

▣ 資産はまとめて運用することで、効果が最大化する

ここまで3種類の広報資産について説明してきましたが、これらは互いに絡み合っており完全に独立して存在していることはありません。特につながり資産とスキル資産はどちらも属人化しやすい要素を多分に含んでいるため、注意が必要です。

属人化しすぎたスキルやナレッジは暗黙知であり、いつのまにか会社全体の広報資産に変化していた、といったことはあり得ません。意識的に言語化や体験を促すことで認識知に変化させれば、継承も容易になります。

一方でこの際にハードルとなるのは、情報の更新です。更新しない情報はすぐに陳腐化してしまい、意味を持たなくなります。ここではつながり資産の代表でもあるメディアリストを例にとって考えてみましょう。

新聞記者はとても異動の多い職種ですが、そのたびに異動のごあいさつをいただくとい

うのはまず無理です。しかし「普段からこまめに連絡を取ることが苦痛ではない」というスキル資産を持つ社員がいれば、記者が異動してもメディアリストの更新自体は比較的簡単に対応できます。

けれどもそういったスキル資産が社内に用意できない企業では、かつて得た情報をエクセルで作った古いメディアリストにしまい込み、すでに無価値になっていてもまるで〝秘伝のタレ〟のように大事にしているなどという話も耳にします。そんな古いデータを基にプレスリリースを送ったところで、目的の記者には届きません。届かないだけならまだ良いのですが、担当替えになった記者に以前の担当部署のネタが延々と送りつけられてしまうのです。いつまでも意味のない情報を送り続ける会社として、メディアにネガティブな印象を与えることにもなりかねません。

つながり資産であるメディアリストは〝秘伝のタレ〟とは異なり、常にフレッシュに保つ必要があり、そのためには情報を集めるスキル資産が必要です。さらにはそのリスト内の記者に興味を持ってもらえるネタがないと、いくらリリースを送ったところで読んでもらうことはできません。広報資産はすべて揃った状態でこそ効果を最大化できるということを意識しながら見つけ・広げ・育てていきましょう。

▪ 広報資産の運用にはデジタルツールが有効

とはいえ、日々の業務に忙しい中ではメディアリストの更新まで手が回らなくなるのは、広報部員なら誰でも心当たりがあるでしょう。その場合、オンラインで名刺情報を取り込み、最新化してくれるDXツールなどをうまく活用することをおすすめします。社内で誰か一人が更新作業を行えば最新の情報に置き換わるので、かつて取材に来てくれていた記者が現在どこに所属しているのかが瞬時に確認できますし、履歴も採録しておくことができます。

また、過去に掲載された記事などの露出結果もデータベース化しておきたいところ。まだ整理ができていないならば媒体のデータベースである「日経テレコン」などを活用すると良いでしょう。

取材の問い合わせもメールや電話で対応していると情報の整理・管理に時間と労力を要します。企画書の送付依頼でも、口頭でメールアドレスを伝えるのは大変です。このようにならないためにもメディア向けの問い合わせフォームを作成し、そこに入ってきた問い合わせは、自動的に記者情報や媒体のデータが蓄積されるようにするのも良いアイデアです。記者が自分で入力するのですから情報の間違いもほぼ皆無に等しく、その後の進捗管理も同じシステム内で行うことが可能になります。仮にツール導入に予算がつかないとしても、問い合わせフォームならばGoogleフォームなどで無料で作ることもできます。

入り口からデータ化を行うことで、業務もデータ管理もかなりの省力化につながります。さらに取材に来てくれた記者の情報や企画書などを、きちんと広報資産として蓄積していくこともできると一石二鳥、工夫次第では三鳥にも四鳥にもなり得ます。

さまざまな情報の資産化には非常に手間も時間もかかるため、一歩踏み出すことに躊躇するのはよくわかります。しかし後回しにしていても、課題が消えてなくなることはありません。問題が解決しないままになるだけでいつまで経っても広報資産化は実現できませんから、ぜひデジタルツールを活用して業務の効率化を進めてください。

4-3

インターナルコミュニケーションにつながる「広報資産」

■ 「広報に貢献している人」を評価対象に

以前、とあるコンサルティング会社から「自社のコンサルタントたちが、いろいろな媒体やメディアで活躍しているので、そういった人たちを評価する仕組みを作れないか」と相談されたことがありました。コンサルタントの皆さんは優秀なので、日頃からインタビューに答えたり、寄稿をしたり、ウェビナーに登壇したりしています。そんな彼らの活動によって会社の知名度が上がるわけですから、人事評価加点できないかと考えたのでしょう。

この会社のように、広報活動に貢献している人々を評価する体制を作ることは非常に重要です。なぜなら評価される仕組みがないと、取材対応などに協力してもらいづらくなるからです。メディアから研究成果の取材をしたいと言われたものの、研究員に「忙しいから無理」と一蹴されてしまった、という話も聞いたことがあります。これは、せっかくのチャンスを活かせなかった残念な事例です。

しかし、実際のところ通常業務だけでも忙しい中で、イレギュラーな取材にも対応をするのは大変なことだと理解できます。本来であれば、広報活動に協力するのも業務の一つではあるのですが、その労力を評価する仕組みがなければ、「なんで私が対応しないといけないのか？」「また取材？」という気持ちになってしまう。これはやむをえないことだと思います。

ですから、広報資産を築く上でぜひ取り組んでいただきたいのが、広報に協力してくれる社員をきちんと評価する制度を作ることです。例えば名物社員はもちろんのこと、積極的に社内外に情報発信している人、ＳＮＳ活用が上手な人、良いレピュテーションを取ることに貢献しているような人たちを評価する仕組みがあれば、社員の協力を得やすくなります。

▣ 広報活動の成果を社内にフィードバックする

あるＩＴ企業では、メディアに取り上げられる度に、その掲載情報を社内に積極的にフィードバックするようにしているそうです。

その会社では、広報のゴールを売上向上に設定しています。けれども記事の掲載やテレビ取材ですぐに売上がアップするわけではありません。となると、広報担当者として「会社に貢献しきれていない」という不甲斐ない思いが生まれがちです。

しかし「このサービスがここに取り上げられました。こんなふうに掲載されています」と社内にフィードバックしたら、その担当部署メンバーがとても喜んでくれたと話していました。自分たちの作ったサービスはメディアに取り上げられるだけの価値のある素晴らしいものなのだと手がけた仕事に誇りを持つようになった上に「その記事を見せたら家族がとても喜んでくれた」と笑顔で話してくれたそうです。これは、会社に対してのロイヤリティ向上に他なりません。売上には直結しなくても、広報活動の結果が良い方向に作用しているのを実感し、広報の仕事にやりがいを感じるということです。

メディアへの露出をインターナル・コミュニケーションに活用すると、社員たちのやる気を向上させたり、社内の雰囲気を前向きにすることが可能になる。この事例を見ると、そのことがよくわかります。

広報担当者が一方的に広報資産を集めるだけではなく、協力者を評価する制度を作ったり、協力してくれた結果をフィードバックしたりすることで、お互いに良い循環が生まれます。広報資産づくりをきっかけに、インターナル・コミュニケーションを活性化させられるというのは、とても嬉しい副産物ではないでしょうか。

COLUMN 4

バズからヒントを探すツール Buzz News Analyzer

デジタルメディアの影響力を正確に測定することは、PR業界において長年の課題となっています。日本には3000〜5000ものデジタルメディアが存在し、その数は日々変動しています。新しいメディアが次々と登場する一方で、突然クローズするものも少なくありません。広報担当者がどのメディアにアプローチすべきか判断するのは非常に困難で、勘や経験だけに頼るのは属人化の温床でもありました。

そこで、筆者がCOOの雨宮と共に、プラップジャパン在籍時に開発したのが「Buzz News Analyzer」です。このツールは「どのような話題が」「いつ・どのメディアで」「SNS上でどれだけ拡散されたか」を定量的に評価できるものとして開発され、現在は弊社サービス「PRオートメーション」に標準搭載されています。

使い方はシンプルで、任意のキーワードを入力するだけで、そのキーワードを含む記事タイトルと、その記事についたバズ数（ツイッターとフェイスブック）が一覧表示されます（P196図13）。自社名や商品名を検索すれば、どの媒体の記事が最も多くの反応を得たかをデータで簡単に把握することが可能です。登録したメディアは影響力の高いＴＯＰ５００媒体に絞りました。ＰＲとして追うべきメディアを大幅に絞り込み、効率的なアプローチを可能にしたかったからです（ＴＯＰ５００媒体の影響力分析は、COLUMN 1を参照してください）。

さらに、検索結果を基に、縦軸を露出回数、横軸をバズの取りやすさといった形でメディアの影響力を四象限で可視化しました。記事数と拡散数の関係から、コアターゲット媒体やアプローチ対象媒体を一目で確認できます。これにより、「影響力のある媒体の特定」や「情報発信するタイミングの最適化」が可能となり、戦略立案にも大いに役立ちます。

また、過去に批判を集めた表現や話題を分析し、リスクとなりうる要素を事前に把握することで、炎上対策にも効果を発揮します。攻めの広報だけでなく、守りの広報にも活用できるのです。実際に他部署が計画している施策に対して広報としてストップをかけ、危機を回避した事例もあると聞いています。

実はこのツール、情報発信のヒントが少ないＢtoＢ企業からも高い評価を得ています。業界紙の選定や競合他社の掲載状況を把握し、自社のネタ資産やつながり資産を加味しながら自社の掲載余地を見つける手助けとなっているそうです。

ＰＲの本質は「適切なメッセージを、適切なタイミングで、適切な相手に届ける」こと。私たちはこの「適切さ」をデータで裏付けたいのです。今後も機能開発に力を入れ、広報担当者の皆様がより戦略的で効果的なＰＲ活動を展開できるようサポートしていきたいと考えています。

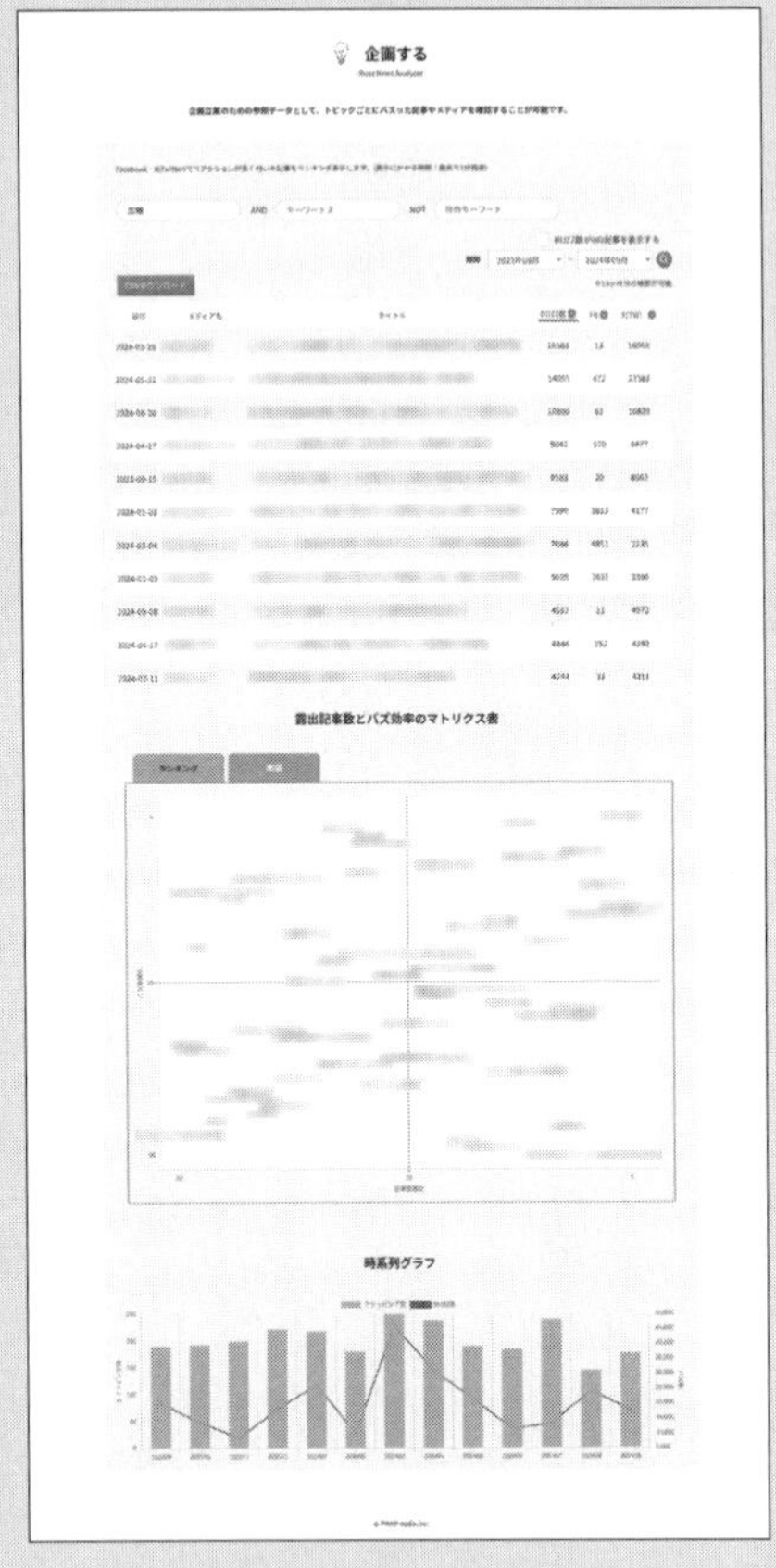

図13　実際のBuzz News Analyzerの画面

（メディア名、記事タイトルは加工しています）

第5章

広報の成功に必要な「KPIツリー」を作る

ここまでで、自社の広報が何合目にいて、どんなギアを携えて登山に臨んでいるのかが把握できたことと思います。依然として厳しい山道は続きますが、心が萎えることがないよう、その進捗過程を示すKPIツリーと各KPIの設定方法について説明します。会社によって広報における課題もゴールも違うため、そのKPIツリーは画一的なものではなく、自社の広報課題に最適化されたKPIを用意することが肝要です。またそれをどのように運用していくべきかについても解説します。

5-1 広報活動の成果を数値化する

■ デジタルメディアの露出は広告費換算では測れない

これまで広報には適切なKPIになりうる指標があまり多くは存在してきませんでした。比較的よく使われてきた（そして今も広く使われている）定量的な効果測定指標が広告換算値であるという話は、第2章で述べた通りです。広告費換算はテレビや新聞、雑誌などの効果測定にはそれなりに有効性のある方法ですが、デジタルメディアでは全く意味を成しません。

その理由は、前述の通り、クリッピング各社やPR会社が出しているデジタルメディアの広告費換算法には統一性がないからです。

また国際的見地からも、ロンドンに本部を置くAMEC（国際コミュニケーション測定・評価協会）が2010年に発表したバルセロナ原則で「広告費換算は広報の価値を測定するものではない」と明確に記されています。バージョンが3・0となった現在のバルセロナ原則ではさらに進化し、「広告換算はコミュニケーションの価値を測定するものではない」とその領域を拡大しています。また同じ3・0版の原則の中で「アウトプット（施策の成果）、アウトカム（目標に対する成果）に加え、潜在的なインパクトを明らかにすべきである」と謳っていることからもわかるように、広報においてはSNSでの拡散効果などを計測することも必要となりつつありますが、広告費換算だけではこうした広範囲の効果を測定したいという要請に応えられないのです。マスメディアの効果測定には今日でも一定の説得力があり、また広報について理解が深くない上司に対しても説得しやすい指標ではありますが、このような課題も多く含んでいることを忘れてはなりません。

これは、かつての広告の世界でも同じでした。昭和から平成初期にかけて、テレビCMの効果を測る指標として存在していたのは「世帯視聴率」でした。世帯視聴率とは、テレビ所有世帯のうち、どのくらいの世帯がその番組を視聴していたかを示すデータ。世帯視聴率における疑義は、その世帯の「誰」がその番組を視聴していたのかは不明であることです。80歳のおじいちゃんかもしれないし、16歳の女子高生かもしれない。そんな精密さに欠けるデータでも購買行動への影響力が実感できていたので、テレビCMは高い価格でも運用されていました。しかし、より子細なデータの取得と分析が可能になった現代では、テレビの世界でも「個人視聴率」が採取できるようになりました。他方、こうした変化は、広報・PR領域では未だ起きてはいません。

では、このような状況下で広報のKPIはどのように設定すれば良いのでしょうか？

筆者がおすすめしているのは、広報のKPIツリーを考えるという方法です。

まずは、「売上金額」というゴールがはっきりしている「営業」を例に、KPIツリーの考え方を説明します。

▣ KPIツリー作成時に重視すべき2つのこと

営業におけるKPIツリーを考える場合、基本的には「売上」がゴール（KGI）になります。その売上額は「受注数」と「平均受注額（取引単価）」の掛け合わせで決まります。

そのため、売上を増加させるには受注数を増やす、あるいは平均受注額（取引単価）を上げる、またはその両方が必要になります。

売上を左右する要件のうち、受注数に限って考えてみます。受注数を変動させるのは「商談数」と「受注率」です。この2つの掛け合わせで受注数が決まる。さらに、商談数はテレアポの数とその獲得率で変動しますし、受注率は決裁権者のアポイント率と、複数回訪問率の掛け合わせで算出されると考えられます。

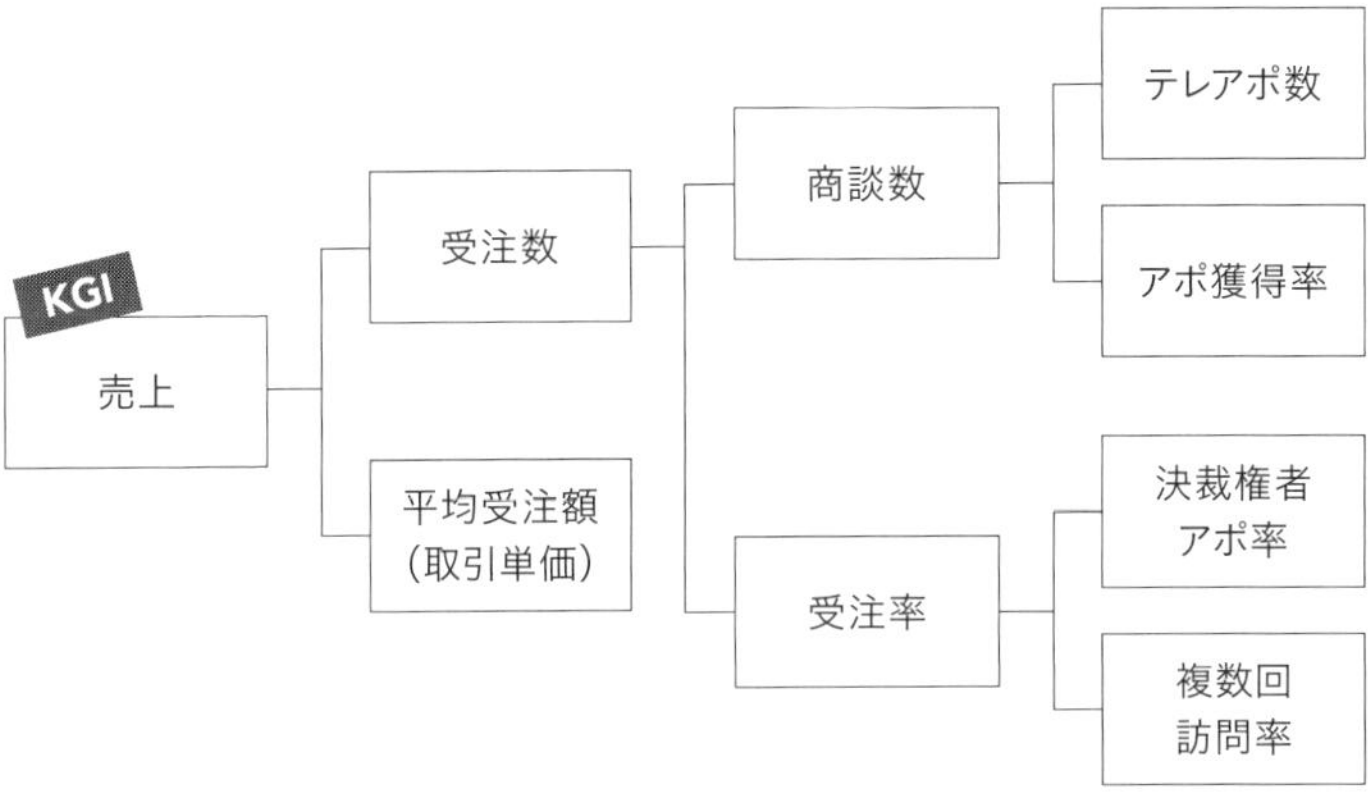

図14　営業のKPIツリー例

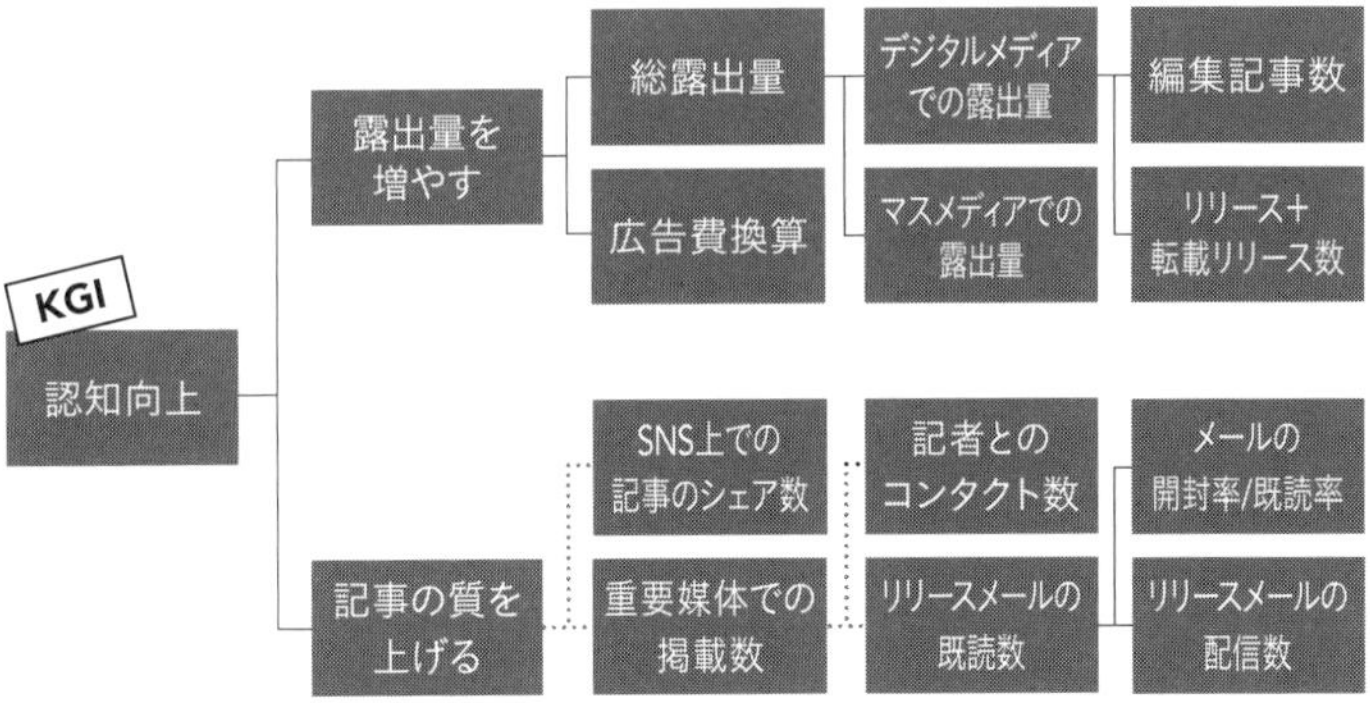

図15　広報のKPIツリー例

こうしてみると、売上というKGIは、8個の要素で変化することがわかります（言うまでもありませんが、このKPIツリーの例では実際以上にモノゴトを単純化しています。実際にはもっとさまざまな要素が絡み合っています）。この8個はどれもKPIになりえますが、最終的な決め手となるのは、自社にとって最も重要な要素が何であるかということです。

またKPIツリーを作る上で最も重視すべきは、すべての項目を「計測可能で、かつハンドリング可能」にすることです。数字で確認できることは言わずもがなですが、自分たちでハンドリング可能なものにしなければ、「風まかせ」の部分が増え自ら改善に向けてできることが限られてしまいます。また、たとえハンドリングが困難な項目を入れなければならない場合でも、ある種の因果関係が推察できるものにしましょう。そうでなければツリーとして実効性のあるものを作ることはできません。

■ 活動結果を数値で測れるように分解する

次は、これを広報に置き換えて考えてみます。

広報としてのゴールはさまざまですが、ここでは「認知向上」を広報のゴールとして、どのような要素がそれを左右するか、KPIツリーを作って検討したいと思います。

認知は、営業の売上とは違い、どうしたら計測できるのかが明確になってはいません。しかし計測可能な指標で作らないといけないので、ここではざっくりと「メディアへの露出量を増やす」ことと「記事の質を上げる」ことで認知は向上させられると仮定しておきます。

まず露出が増えているかどうかは、編集記事やリリース転載などを含む「すべての露出数」や「編集記事の露出数」でカウントすることが可能です（前述の通り、リリース転載には課題がある点は考慮が必要です）。マスメディアに限って言えば、「広告費換算値」などの数字を追うこともいいかもしれません。

一方、質に関しては、具体的に何をもって「質が上がった」と判断するかが難しいところです。そこで、何かしら数字で判断できる指標を用意する必要があります。一つ指標となりうるのは、「SNS上での記事のシェア数」です。シェア数は「読んだ人がシェアしたくなる」記事だったかという指標であり、たくさんシェアされていれば「実際に購買行動に結びつくような影響力があったかは不明だが、少なくとも誰かに共有したくなる程度には良い記事だった」と捉えることができるからです。

もう一つは「重要媒体での掲載数」です。メディア研究をする中で掲載希望重要媒体と定めたメディアに何度も取り上げられることは大きな意味を持ち、「重要媒体に掲載された＝自社にとって質の高い（もしくは影響力の強い）記事」と考えることができます。

次に、この重要媒体での掲載数を左右するものは何かを検討してみます。自社の情報が掲載されるためには、その媒体の記者に記事を書いてもらう必要がある。それならば「重要媒体に所属する記者やライターとのコンタクト数」も一つの指標になります。同時に、送信したプレスリリースが記者にどの程度読まれたか、開封状況から確認する「リリースメールの既読数」もわかりやすい指標です。プレスリリースを読んでくれない限りは記事になりませんし、また開封状況を確認することは、その記者が持つ自社に対する関心度のバロメーターにもなります。したがってこの2つの掛け合わせが、重要媒体での掲載数に影響していると考えることができます。

なお、リリースメールの既読数は、「配信したリリースメールの数」に「メールの開封率／既読率」を掛け合わせるとおおよその数字が算出されます。この他に指標になるものはいろいろと考えられますが、会社によって実施できることとできないことがあるでしょう。まずは、ここまでの14項目を認知向上のための基本的な指標として挙げてみたので、参考にしてください。

またP201の図15において、実線でつながれているのはそれらの要素がKGIである認知向上に影響を与えると推察されるものです。認知向上はメディア露出の量と質に左右され、自社の広報評価に必要となる露出数の増減は、このKPIツリーであれば編集記事やリリースの転載などすべての露出数と広告費換算額によって計測できることになります。同様に、リリースメールの既読数は、メールの開封率とリリースメールの配信数があれば算出できる、といった具合です。

一方で、点線でつながれているものは「これが影響していると推測される」項目です。例えば、記事の質を上げるのは、SNS上での記事のシェア数と重要媒体での掲載記事数であり、この2つが増えれば記事の質が上がったと考えられる、ということです。

さて問題は、この中のどれを追いかけるべきKPIに設定するかということです。前述の通り、KPIの選定においては、計測可能でハンドリング可能なものに絞る必要があります。自分たちにとって重要な指標でも計測できなければKPIには適しません。また、自分たちでハンドリングできるものでなければ、その項目を改善していくことができません。

また、KPI決定の際には、そのKPIが本当に意味あるものか否かも検討する必要があります。特に記事の質をどのように判定するのかは議論の分かれるところです。ここでは仮に「SNSでの記事のシェア数」と「重要媒体での掲載記事数」としましたが、もしかしたらSNSで一般ユーザーにコメントされた数の方がいい場合もあるでしょうし、ポジティブに書かれた記事の数の方が自社にとっての影響力が高い可能性もあります。一方でその指標がきちんと計測できなければ意味を成さないのがＫＰＩツリーですので、計測の正確性という観点は常に意識しておかなければなりません。

ＫＰＩは広報活動の成果を測る重要な要素です。次の項では、効果的なＫＰＩ設定のための具体的な考え方について詳しく解説していきます。これらの知識を身につけることで、広報活動はより戦略的で、効果が可視化できるものになるでしょう。

5-2 自社に合ったＫＰＩを設定する

▪ ＫＰＩを設定する前に考えたい7つの問い

このように広報のＫＰＩになり得る指標は、広告費換算値以外にも実にさまざまなものがあります。ＫＰＩを達成することが自分の評価にも直結することから、広報担当者としてはその値が容易に上昇させられるものをＫＰＩに設定したくなります。しかし、それでは本当に意味のある設定にはなりません。では、一体どのようにＫＰＩを設定すればいいのでしょうか。

以前、雑誌『広報会議』と一緒に「効果測定研究会」を開催した際に、ゲストスピーカーとして社会構想大学院大学コミュニケーションデザイン研究科専任講師（当時）の橋本純次先生が登壇してくださいました。その際、広報のＫＰＩについて話してくださった内容が『広報会議』２０２２年10月号に掲載されていますので、少し長くなりますが、その一部をご紹介したいと思います。

「情報という言葉の出自から考えると、それは本来『不確実性を減らし行動を決める手がかり』という意味を持つ概念といえます。しかし現代では、摂取できる情報の量が莫大になりました。人々は何を信じればいいのか分からなくなり、結果として社会に無関心になりつつあります。そのメッセージが本当のことを言っているかよりも、世の中でウケるかどうか、『いいね』が何件つくか、といったことに評価軸がシフトしているのです。つまり情報の正しさが必ずしも価値を持たない世の中になっています。」（『広報会議』2022年10月号）

そうした情報社会において、企業価値を上げるような広報活動を行うにあたっては「SNS投稿のクリック率を上げる方法」のようなマニュアルだけでは乗り切れないと橋本氏は言います。

「不確実な情報社会の中で、広報担当者に求められるのは、自社の組織がどういう位置付けにあり、どのような目的で広報を行うのか、その最適な方法を考え続ける能力。その拠り所になるのは、自社の理念です。組織経営の中に広報を位置付け、理念を基軸にステークホルダーと関係づくりをしていく。広報部門が情報のターミナルとなり、メディアリレーションを担うだけでなく、経営課題を解決する提言をし、コミュニケーション戦略を策定、実行する。その中でKPIをつくっていく。もちろん組織によって考え方は異なりますが、経営と表裏一体となったこうした広報活動が、これからますます重要になっていくと考えられます。」（同）

「経営と表裏一体となった広報活動が重要になる」というのは、まさに筆者と一致する考えです。だからこそ、弊社が提唱する「広報欲求５段階説」でも、最高レベルの広報は「経営を通じて社会貢献を果たす」こととしており、広報はそこを目指さなければならないと考えています。

広報が経営機能を果たすに至るには、効率よく仕事を進めなければなりません。そのためには、不要なものは捨てる覚悟が求められます。不要なものを捨てて、本当に必要なものに注力していくためには、ＫＰＩの設定は非常に重要です。橋本先生が「ＫＰＩを設定する前に考えたい７つの問い」を挙げているので、今一度、改めて確認してください。

〈KPIを設定する前に考えたい7つの問い〉

1　何のためにKPIが必要なのですか？
2　それはKPIがないといけないのですか？
3　KPIがあれば何とかなる問題ですか？
4　組織のトップは「広報」をどう捉えていますか？
5　あなたは「広報」をどう捉えていますか？
6　あなたの組織は何のために広報活動をしていますか？
7　あなたの組織で「広報がうまく行っている状態」とは？（同）

▣ ハンドリングの可否と、計測の可否から考える

もう一つ、KPIを設定するための考え方をご紹介します。KPIツリーを考える上でまずすべきこととは、KPIとなりうる要素を洗い出し、代表的なものを四象限に分けて見てみることです。縦軸を計測の可否、横軸をハンドリングの可否で分類すると、次ページの図16のようになります。

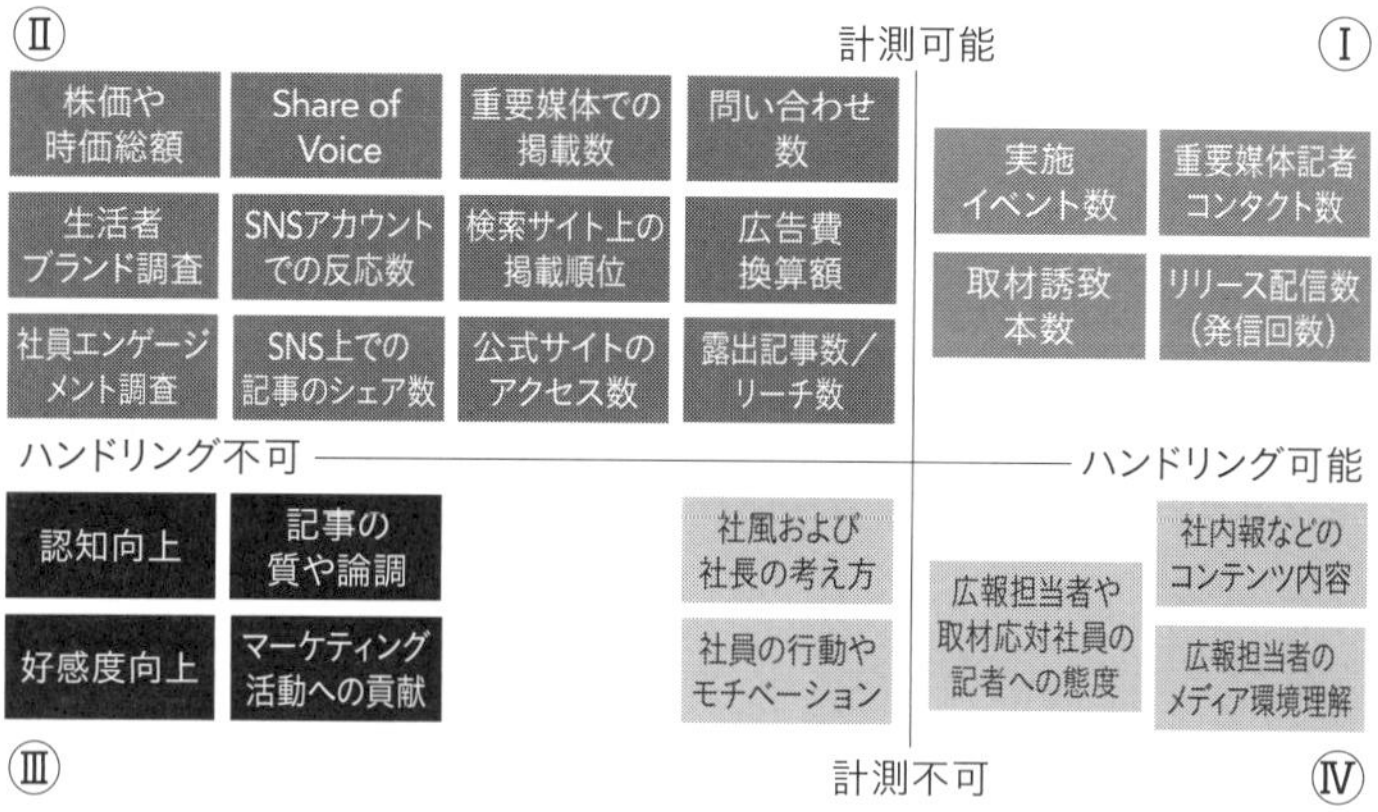

図16　KPIの4象限（例）

第Ⅰ象限、計測もハンドリングも可能なものとしては、リリースの配信数やイベントの実施数、重要媒体の記者へのコンタクト数、取材誘致本数などが挙げられます。

一方で、自分たちでハンドリングはできるけれども、計測はできないものが4領域の右下、第Ⅳ象限になります。例えば、広報担当者や取材対象となった社員の記者への接遇態度。誠実で丁寧な対応をするよう努力をしても、実際に記者がどう感じるかまではわかりません。ですから、「計測不能なもの」になります。

第Ⅱ象限は計測可能だがハンドリングは不可能なもので、実はこれが最も数が多い要素です。メディアからの問い合わせ数や、広告費換算をしたらいくらになるか、露出した記事数、重要媒体での掲載、検索サイト上での掲載順位、ＳＮＳでの反応や記事のシェア数。さらには、株価や時価総額、生活者のブランド評価の結果など、何かしらのアプローチをした結果として出てくるものです。これらは計測できますが、厳密にはハンドリングすることはできません。とはいえ活動して影響力を行使しない限り、変化が生じない数字です。そういう意味では日ごろから意識しておく必要があります。

そしてハンドリングも計測も不可能なものが、左下の第Ⅲ象限部分です。認知向上や好感度の上昇、マーケティング活動への貢献などがこれにあたります。どれを取っても広報活動において向上させたいと強く思うものですが残念ながらハンドリングも計測も不可能です。記事の質や論調に関してはポジティブに書かれた記事かネガティブな論調かなどに分類することはできますが、それはあくまでも担当者個人の主観による判断でしかない。そのため、客観的に正確な計測が可能なのかというと、なかなか難しいと言わざるを得ません。

さらに、広報活動によって認知や好感度が上がると社風や社長の考え方、社員の行動やモチベーションなどに変化が表れます。これらの項目は広報活動によって良い方向に導くことが可能です。しかし、広報部でハンドリングできるものでも計測できるものでもありません。あくまでも結果論として「良い影響を与えたのではないか」という推測にとどまることになります。

　このように、ハンドリングの可否と、計測の可否の2軸で見てみると、KPIとして設定できるもの、できないものが明確に見えてきます。第Ⅲ象限に関しては、KPIというよりもKGIにすべきものですし、右下第Ⅳ象限の項目のように、ハンドリングはできても計測できないものをKPIに設定すると、広報活動が良い方向に進んでいるかの正しいジャッジができません。ですから、KPIは、やはり計測可能なものにするべきなのです。

5-3 KPIツリー設定時に意識すべき〝独立変数〟と〝従属変数〟とは

まずは〝独立変数〟の改善に集中せよ

前項で挙げた四象限の図を改めて見てみると、広報活動の指標はハンドリング不可能なもののなんと多いことか。だからこそ、まずは右上の「計測可能、かつハンドリング可能なもの」へのアプローチが重要になってくるのです。

この「計測可能でハンドリング可能なもの」は、広報活動における〝独立変数〟と考えられます。もしくは行動により影響力を行使できるためKAI（Key Action Indicator）と捉えることもできます。そして、この独立変数を自分たちの行動で上昇させられる（良くしていく）ことができた場合、連動して変わっていくのは第Ⅱ象限、「計測可能でハンドリング不可能なもの」です。つまり、ここに含まれる要素は〝従属変数〟、もしくはKRI（Key Result Indicator）と言えます。

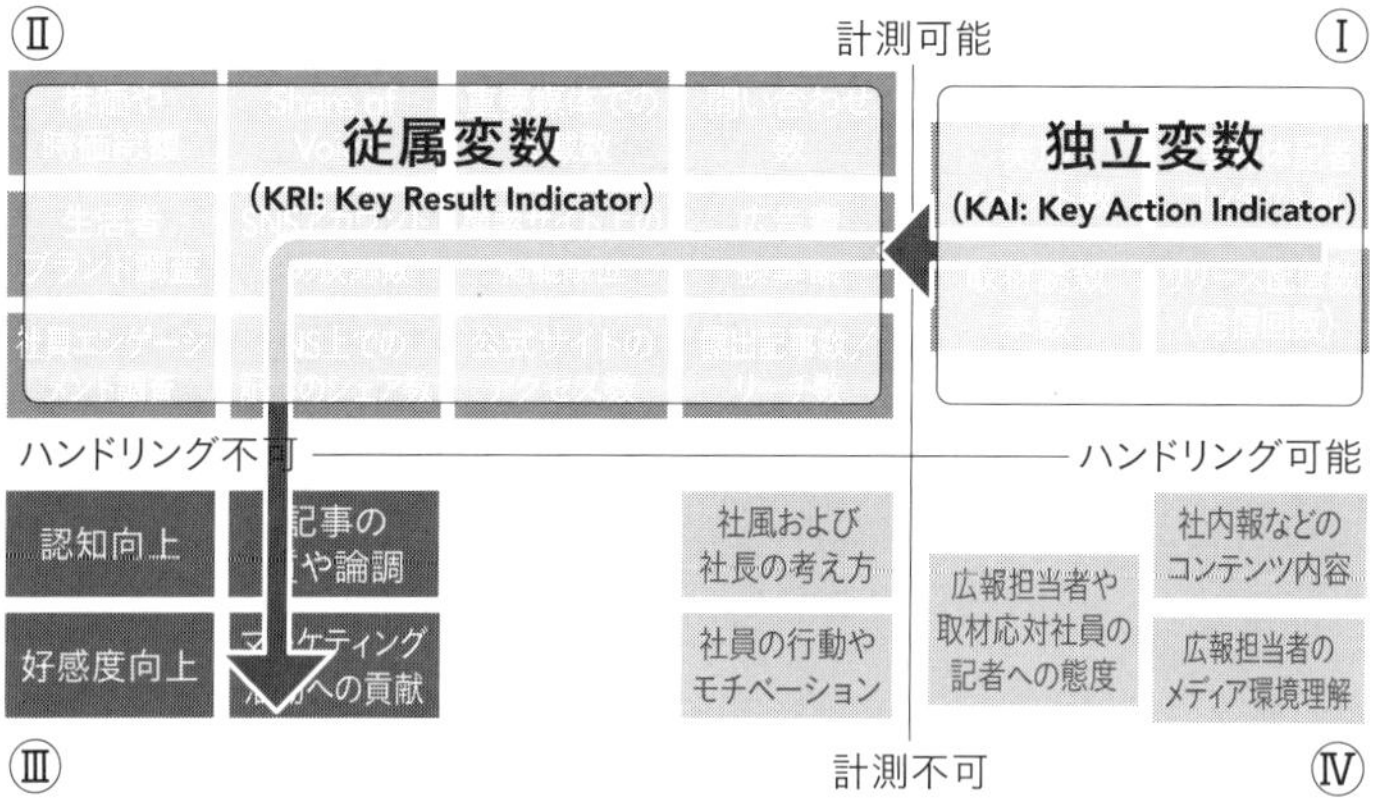

図17　基礎変数と従属変数の関係

こうして考えると、広報が最も上昇させたい上図中の第Ⅲ象限（左下）は、右上、第Ⅰ象限の独立変数の変化に間接的とは言え連動していると考えられます。つまり独立変数を上げることで従属変数がよくなり、その結果広報による経営へのインパクトも変わってくるということです。

一方で、従属変数の方は外部からの影響を受けざるを得ません。例えば社会を揺るがすような大事件が生じた際には、自社の取材記事も掲載延期、または取りやめになってしまいます。外部からの影響を受けるものである以上、活動しても不発に終わるリスクはありますが、活動しない限りは結果につなげることはできません。そのため、運も味方につけながらコツコツ頑張るしかないところです。

では、そもそもどうしたら独立変数を上げられるのか。そのスタートとなるのは、独立変数の前段となる第Ⅳ象限部分（右下）、「ハンドリング可能で計測不可」の部分を磨いていくことです。記者への接遇態度、自社を好意的に捉えてくれているメディア（とその記者）に対する研究や考察が、独立変数を上げることにつながります。ですから、第Ⅳ象限の「ハンドリング可能だけれど計測できないこと」から始まり、それに伴って第Ⅰ象限の独立変数を向上させていく。そして、それが第Ⅱ象限の従属変数に良い影響を与えることで、結果的に第Ⅲ象限「計測もハンドリングもできないもの」への好影響へと帰結する。こうした流れがあるのです。

こうして整理すると、やはり第Ⅳ象限「ハンドリング可能で計測不可」な要素に力を入れていくため必須となるのは、無駄な業務を減らすこと。それによって回り回って、結果的に認知や好感度の向上につながります。

正直なところ、従来の広報活動において、確実に好感度が上がる、もしくは売上に反映される方法は、デジタルマーケティングが持つようなロジックは確立されていません。しかし、ここでひもといた一連の働きによって認知や好感度が向上するだけでなく、ひいては社員のモチベーションや行動、社風などにも変化をもたらすことが予想されます。こうして生まれた良い循環をしっかりと回していくことが重要です。

このことを念頭に置いて、どのようにKPIツリーを作れば良いか、弊社のクライアントである一般社団法人塩尻市観光協会を例にとり見ていきましょう。

▣ 塩尻市観光協会の2つのゴールから見るKPIツリー

塩尻市観光協会がこのKPIツリーを考えたのは、新型コロナウイルスが流行する前のことです。そのため、「塩尻市内で実施されるさまざまなイベントに多くの人を集める」ことがゴール（KGI）の一つに挙がっていました。もう一つは「〝ワインと木曽漆器のまち〟という塩尻市のブランドを内外に認知してもらいたい」というものです。この2点をゴールとした場合、「イベントの認知を上げる」「ブランドの認知を上げる」という数値化できないものがゴールになります。ですので、可能な範囲で数値化していくことを目指して設計されました。

まず、イベント集客に関しては実際の来訪者をカウントする。そしてブランド浸透に関しては、最初にブランド調査を行い、その後の変化を見ることにしました。この時は塩尻市民に向けて調査を行ったのですが、アンケート結果を見ると市民にも「ワインと木曽漆器のまち」とは全く認知されていないことがわかりました。そのため、ブランドの浸透も

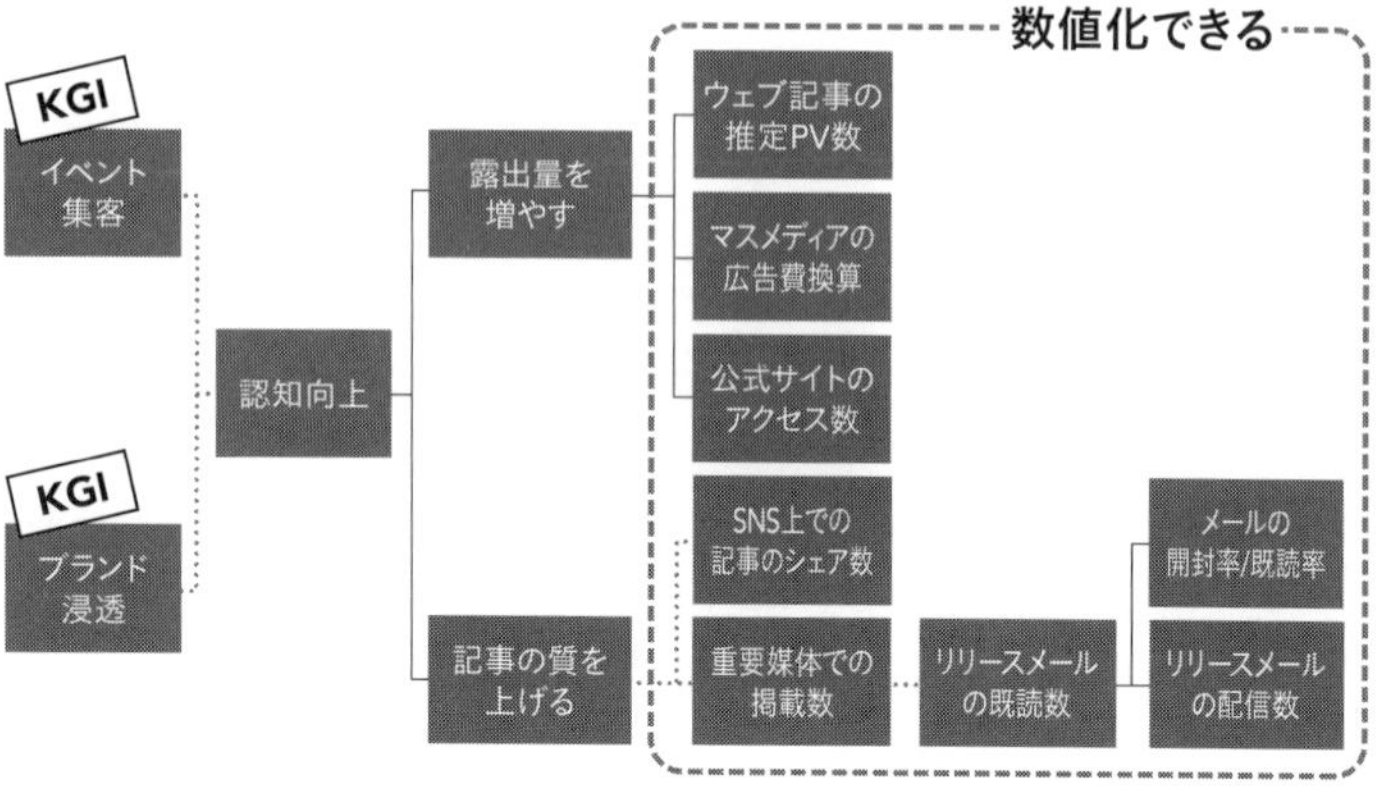

図18　塩尻市観光協会のKPIツリー

ゴールとして置くことになったのです。

この2点をゴールとした時に、それを実現する手段は「認知向上」でした。そのための行動としては、「露出数を増やす」「記事の質を上げる」ことが必要でした。しかし、これらはどちらも抽象的なものでKPIやKGIに設定しづらかったため、もう少し具体的に考え、次のものが指標となりました。

1　露出を増やすための指標

ウェブ記事の推定PV数、マスメディアの広告費換算値、公式サイトのアクセス数

2　記事の質を上げるための指標

SNS上での記事のシェア数、重要媒体での掲載数

１の「露出を増やすための指標」として挙げた３つはどれも数値化できることから、これらをきちんと測定し、「どんな記事がどれくらい読まれているのか」「どういった露出があると公式サイトのアクセス数が上がるか」などの動きを細かく見ていくことにしました。

２の「記事の質を上げる」という面では市民に見てもらえる重要媒体への掲載数、ＳＮＳ上でのシェア数を追いかけることに決めました。さらに重要媒体掲載数に関しては、配信したリリースメールの開封率も一つのＫＰＩとしました。

最終的に塩尻市観光協会がＫＰＩとして設定したのは以下の６項目です。

①リリースメールの既読率
②重要媒体での掲載数
③ＳＮＳ上のシェア数
④公式サイトのアクセス数
⑤マスメディアの広告費換算
⑥ウェブ記事の推定ＰＶ数

当然のことながら、ＫＰＩは設定して終わりではありません。どのＫＰＩがどの程度変化したら、ＫＧＩにインパクトが表れるのか、その数値を追う必要があります。そのためには、大量のデータを読み解きながらＰＤＣＡを回していかなければなりません。

塩尻市観光協会はこれを丁寧に実施し、どのような取り組みをするとメディアに取り上げられるのか、ネタとして面白がってもらえるのかを徐々に把握していったそうです。

その一つの成果として挙げられるのが、「漆塗りのハーレーダビッドソン」の記事化です。これは塩尻市在住のバイク好きの漆器職人さんが作った、漆を塗布するという改造を施したハーレーダビッドソンのバイクで、塩尻市が広報資産の一つとして持っていたものになります。そのネタをどこに出すか検討した結果、「このマニアックさがウケる媒体は地元の新聞ではなくバイク雑誌だ」という結論に至りました。

そこでプレスリリースの内容もバイク雑誌向けのマニアックなものにして配信したところ、見事にターゲットに設定していた媒体での掲載を獲得できました。しかも、その記事がネットメディアで話題となった結果「Yahoo!トピックス」に転載され、最終的にはテレビ放送にまで行き着いたのです。このことは、塩尻市が「ワインと木曽漆器のまち」であることを漆塗りのバイクというユニークな素材を使って正しく伝え、結果的にブランディングの一助になりました。

このように、ＫＰＩの設定は広報戦略の第一歩に過ぎません。真の価値は、設定したＫＰＩを継続的に追跡し、その数字の変化を子細に分析することにあります。塩尻市観光協会の事例が示すように、数値の推移を丹念に追うことで、どの施策が効果的か、どのような取り組みがメディアの興味を引くかといった貴重な洞察が得られるのです。

5-4 広報活動の実績を検証する

▪ 仮説を立てて、数値を追い続ける

ＫＰＩの設定には多くの選択肢があり、適切な指標の選択に悩むことがあります。その場合はまず目的やゴール、課題を明確にすることが肝要です。そして、その指標が伸びることで、ゴールや課題解決に何かしらのインパクトを与えるであろうものを選ぶ。これまで解説したことをベースに、広報部でＫＰＩになりそうな指標を選び出してください。もちろん仮説で構いません。そしてそのＫＰＩの数値を半年、１年と追いかけてみる、これが重要です。

仮説で決めたＫＰＩはとても良い数字が出ているのに、ゴール（ＫＧＩ）が全く変わらないのであれば、それはＫＰＩとしては不適格、またはその程度の数値の上昇率では、ＫＧＩに影響しないかのどちらかです。

例えば10だったウェブ記事の露出が、50まで増えたとします。数字としては5倍に増え

てはいる。それにもかかわらず、あまり反応がない。この状況を鑑みると、そもそも50ではなく、200くらいまで増やさないと明確な効果が得られないかもしれません。このように、増えていても基準に達していないことが問題なのか、そもそも追いかけてもあまり意味のない数値を見ていたのかは、仮説を実際の数値で検証していくことで明らかになってくるでしょう。先ほどの塩尻市観光協会の場合、「イベント集客」というもう一つの「KGI」に対しては、次の2項目が最重要KPIだと考えました。

〈マスメディアの露出（広告費換算値で測定）〉

イベントには高齢者の来場も多い。そうした人たちの目に触れるには、ウェブ記事以上にマスメディアに取り上げられることが大切だと考えました。そこで、マスメディアにどれだけ取り上げられたかを追いかけるには、広告費換算が良いだろうと判断し、最重要KPIに設定しました。

〈公式サイトのアクセス数〉

公式サイトのアクセス数をKPIに置いたのも、仮説によるものです。いろいろな場所でイベントの告知を見たとして、本当に興味を持った人は最終的には公式サイトを見て情報を確認するはず。それゆえ「公式サイト訪問者＝イベントに来てくれる可能性がかなり高い人」と想定しました。つまり、イベントへの関心の深さは公式サイトへのアクセス数で測れると予測したのです。もちろん、公式サイトでの滞在時間やサイトを訪れた経緯なども見ることができればより良い結果が得られますが、その調査を担当する人材と予算のかねあいもあり、一旦はここにポイントを置くことに決めたのでした。

このように仮説を立てて、ＫＰＩを決め、その数値を追いかけることで、広報活動の効果や成果を把握することができるようになるのです。

他の事例でも考えてみましょう。例えば、ＥＣサイトの売上に貢献を求められた場合。ＳＮＳやオウンドメディアの運用を広報部に任されることがあります。その場合、オウンドメディアについては検索サイトでの表示順位、さらにＳＮＳについては誘客数、そして購入を狙うならフォロワーの数を増加させる方法などがいったんのＫＰＩになるでしょう。最初のうちは、「いいね！」の数やフォロワー数がある程度の目標として掲げられますが、その目標をクリアしたら次の段階では、ＳＮＳやオウンドメディアからどれだけＥＣサイトに誘導できたかがＫＰＩになる。このように、施策のステージによってもＫＰＩは変わっていきます。

半年から1年と、数値の分析を続けるうちに、他にもKPIになりそうな指標が見えてきたら、それも追加するといいでしょう。一方で、しばらく見ていても数値の変化がKGIに影響してこない指標があれば、KPIから外しても構いません。実際に、数値を追い続けるのも相当な労力を要しますから、KPI設定当初から撤退基準を決めておいて、PDCAを回しながらその時々の自社の成長ステージと合致する、分析すべき指標は何なのかを見極めていく必要があります。

▣ PDCAを回しながら無理なく続ける

そして、継続して見た数値を正しく評価するにあたり、いくつか大事なポイントがあります。

その一つが「世に流通している指標や数値」であることです。

時々、自社の独自ルールで広報効果の価値をスコア化している企業があります。例えば、ウェブ記事の3行目までに自社の名前が出てきたら1ポイント、大きい写真が載っていたらもう1ポイントといった具合に、露出結果をポイントにして算出する方法です。このような独自の数値は、細かく効果測定をするという意味では非常に有効な方法ではあるのですが、「なぜ3行目までに自社名が出たら1ポイントなのか」について論理的な説明が難しいですし、そもそも「今回の記事で累計80ポイントになりました！」と言ったところで、その独自ルールに精通していない人間には価値が判断できません（したがって評価者である上司や経営陣にはその有用性が伝わりにくくなることがあり、結果的に担当者の評価につながりにくいという問題もあります）。さらに他社との比較をするにも、すべての競合企業について汎用性の低いこの方法で時間をかけて算出することとなり、その数値を用いることに早晩意味を見出せなくなるでしょう。

もう一つのポイントとなるのは、KPIの数字を追う時の分析ツール。現在は実に多数の分析ツールがあり、使い方次第でいろいろな分析ができるようになっています。しかし高機能すぎて、その手のツールを使い慣れていない人には使いこなせないことも。中には、毎週ツールの使い方講座を受けているけれど、1年経っても使いこなせない人もいると聞きます。まずは、自分たちの身の丈にあったものを選ぶ。そして、誰にでも扱える簡単なものから始めて徐々に機能を増やすなど、ステップアップしていくと良いでしょう。例えば、無料で活用できるGoogleアナリティクス。そして日経新聞に毎日掲載される株価。SNSも意識して見ていけばその反応がわかります。使い慣れている営業支援ツールが社内にあれば、広報用に設定を変えて使ってもいいでしょう。エクセルでマクロを組むのが得意な人が社内にいるなら、お願いして使いやすいツールを作ってもらうのも良いかもしれません。

何よりも大切なのは、無理なく継続できること。そして、欲しい時に欲しい情報をすぐに引き出せることです。数値は毎日追わなくてはならないので、操作が難解なツールでは続きません。またレポート作成時に、情報がなかなか引き出せない、欲しい形で出てこないという状況に陥ると、非常に多くの時間を取られてしまいます。できるだけ使いやすいツールで数値を集計して、追いかけることを一定期間続けてみてください。きっと何かしらの変化を読み取れるはずです。

ただし、変化を見るためには分析開始前の数値や状態も確認しておくことが大切です。現時点での各数値を記録しておくことも必要ですし、ブランド調査やエンゲージメント調査に関しては、最初に一度実施して現状を把握する必要があります。あらかじめ現在地を確認した上で、どの数値を上げていけば自社が得たいゴールに辿り着くのか、まずは仮説を立てましょう。

とはいえ、ツールの導入は目的ではありません。そのことによって広報部員の考えや行動の変容にたどり着くことがＤＸであり、そこに至った者だけが広報活動の醍醐味を味わうことができるのです。

COLUMN 5

デジタルメディアの広告換算額は、なぜ統一基準を作れないのか

広報SaaSの現場にいると、デジタルメディアの広告換算値がクリッピング会社やPR会社ごとに違いすぎて参考にならないという声や、長年使っている基準が変わるのが怖くてクリッピング会社を変更できない、といった話を聞くことがしばしばあります。我々のサービスの導入をご検討いただいている際にも、広告換算値だけは過去のものを継続して使いたいと相談いただくことがとても多いです。

なぜデジタルメディアの広告換算値がこんなに違うのかというと、クリッピング会社ごとに異なる算出方法を用いているからです。あるクリッピング会社では、タイアップ広告やバナー広告の金額をそのまま広告換算値にしているところもありますし、別のクリッピング会社ではグーグル検索で表示される順位などを参考に金額を決めていると聞いたことがあります。ちなみに我々プラップノードではウェブサイト分析ツールであるSimilarweb PRO（※）で取得した総PV数と、その媒体の1カ月の記事更新数をベースに一記事あたりの平均PV数を算出し、そこに1ページあたりのタイアップ広告単価を掛け合わせる方法

で出した数字を広告換算値としています。

どの算出方法にもそれぞれのロジックがあり、意味がある数字です。しかしどの方法も小さくない問題を抱えています。例えばバナー広告の金額をそのまま広告換算値として活用しているケースの場合、今どきのバナー広告はアドネットワークによる配信がほとんどであり、媒体側が提示する定価で広告枠を購入している企業はほぼ存在しません。そんな状態にもかかわらず、この定価の金額を広告換算値として評価基準に使っていいのかは大きな疑問が残ります。

また検索順位を参照しているケースでは、グーグル側の設定変更により評価金額が大きく変動するリスクがあります。最近はSNSの普及などによりグーグルを経由せずにニュースにたどり着くことも増えており、どこまで検索エンジンでの表示順位を意識すべきかは議論の分かれるところです。我々の算出方法でも、ツール側の技術変更により数字が大きく変わる可能性があるので、そのような点には配慮も必要になってきます。

広告換算値を評価指標としている企業は、以前より減少しているとはいえ依然として多くあり、したがってデジタルメディアの広告換算額の算出基準がまちまちな現状は誰にとっても幸せな状況ではありません。そこで我々はかつて、日本PR協会に統一基準を作れないのかと問い合わせてみたのですが、「統一基準を用意することはできない」との回答でした。理由は、効果測定手法としての広告費換算が、国際的なトレンドとして認められていないからです。

２０１０年に制定され、２０２０年に改訂されたバルセロナ原則３・０の第５条において「広告費換算はコミュニケーションの価値を測定するものではない」と明記されていることはすでに述べました。日本ＰＲ協会の「この宣言に従う以上、広告費換算の統一基準を策定することはできかねる」という主張はもっともな話です。実は我々も、ＰＲオートメーションを開発した際にクリッピング一覧のページに広告換算値を掲載するかで侃々諤々の議論を重ねました。その結果は、国際的に推奨されていなくても現在でも一般的に使われている指標である以上、数値がないと困る企業があるだろうという消極的な理由で掲載する、という結論に至りました。

こうしたことから、本来であれば広告換算値に変わる価値測定の統一基準を設ける必要があるのですが、これは遅々として進んでいません。なぜなら統一基準の策定はとても難儀であるにもかかわらず、得られる果実が極めて少ないからです。

というのも、デジタルメディア側がそれぞれの媒体に掲載した記事のＰＶ数を公開する可能性が極めて低いため、テレビで言う「尺」、新聞や雑誌で言う「面積」にあたる部分をきちんと算出することができないからです。この公開されない記事ごとのＰＶ数を、仮に最新のアドテクを用いて比較的正確に推測できるようになったとしても、今度は本文中でも書いた「情報の重さ」をどのように判断するかで一悶着あることは容易に想像できます。

こうした評価基準においては、現実に即した数字かどうかよりも、とにかく高い数字の方が喜ばれるという事情が一部に残っているというのは第2章にも書いた通りです。上司にレポートを提出する担当者にしろ、その担当者にレポートを渡すPR会社やクリッピング会社にしろ、自分たちの活動をできる限り高く評価したい/されたいという欲求は、賞賛しかねることではありますが否定できるものでもありません。もしかしたらこうした我々のマインドセットこそが、統一の評価基準を作る上で最大のボトルネックかもしれないと筆者は考えています。

※SimilarwebPROは、Similarweb Ltd.の商標です。

第6章

省力化を実現する広報の新しいパートナー「生成AI」

皆さんに喜んでいただける「広報SaaS」を作ろうと奮闘している私たちの会社が注目しているのが、広報業務へのAIの活用です。

もちろん我々プラップノード以外のPR会社や広報パーソンも注目しているのは承知していますが、日本広報学会「生成AIを活用した広報研究会」の発起人となったCOOの雨宮が中心となり、マーケティング部門のメンバーと共に、弊社SaaS「PRオートメーション」にAIをどのように取り込んでいくかを日々研究しているところです。本章では、弊社マーケティンググループがおすすめする「今日から使えるAI活用法をご紹介します。

6-1

ここまでできる！ 生成ＡＩ

▪ ＡＩが力を発揮する5つの広報業務

２０２２年11月に「ChatGPT3.5」（OpenAI）が登場し、さまざまな業務において生成ＡＩの活用が進んでいます。広報業務においてもそれは同じです。もちろん、ＡＩにも向き不向きはありますので、そこは注意を必要とします。

なお、この調査を行う際に使用したＡＩは「ChatGPT」の有料版です。もちろん、他にも「Gemini」や「Claude」「Copilot」など、よく使用されるＡＩはあるのですが、リサーチやアイデア出し、分析などの点では、現時点では「ChatGPT」が優れていると感じています。テクノロジーの進化が速いのでまた状況は変わってくるかもしれませんが、２０２４年時点では「ChatGPT」が優勢。そのため、ここからのＡＩ活用は「ChatGPT」の有料版で行っていることを念頭に置いていただければと思います。

今回は、広報担当者がＡＩの活用において期待を寄せる5つの業務について解説します。

・戦略・企画のアイデア出し

広報担当者からの期待が高く、活用度としても高いのは、企画のアイデア出しです。特定のトピックをＡＩに提示して企画を考えてもらったり、すでにネタがあるものに肉付けをしてもらうという形で活用できます。また、過去のクリッピングデータを学習させることで、世の中で話題になる切り口の作成など、さまざまなアイデアを出してくれます。壁打ち相手としてはとても優秀なので、これを活用しない手はありません。

良い企画案を出してもらうためには、何をどのようにプロンプト（指示や質問）として入力するか、準備が必要です。例えば「#参考事例」として良い企画案を学習させておく。そうすると、アイデアの精度が高まります。例えば社内報の企画を考えさせるのであれば、社内の部署や社員数、男女比や年代構成などの情報、さらには社内報の企画のルールや条件、その誌面を通して伝えたい魅力や時事性などを入れておくと、思いもよらない斬新なアイデアが出てきます。

とはいえ、一度の指示ですべての条件を満たしたアイデアが出てくるわけではありません。そのため、「もっと季節性を意識してほしい」などと要望を加えて生成を繰り返すと、アイデアが磨かれて、さらに精度が上がっていきます。出力されたものをそのまま使うというよりは、アイデアとして参考にするのが良いでしょう。それを元にさらに人の手でブラッシュアップしていくのです。

・効果測定・分析

次におすすめしたいのが、効果測定や分析です。これは、実際の記事データを使い、記事がバズを獲得した要因や、世間が興味を持ったポイントなどをＡＩに考えさせるのです。また、それを表やグラフにして、良い点・悪い点、今後の活用法といったレポートの作成も得意とするところ。ただし、こういった分析をさせるには、そもそも記事のクリッピングデータが必要です。それさえクリアできれば、ＡＩはかなり良い仕事をしてくれるでしょう。

・SNS・コラム等のコンテンツ作成

生成ＡＩはコラムの作成やＳＮＳ投稿など、広報のコンテンツ周辺の業務にもかなり活用できます。コラムの場合は、伝えたいことやトーン＆マナー、狙い、読者ターゲットなどを指定し、さらに過去の自社コラムの内容を学習させることで、かなり高レベルの草稿が上がってきます。ただし、文章にどうしても「ＡＩらしさ」がにじみ出てしまうため、そのまま採用できるわけではありませんが、自分では思いつかない切り口を提案してくれるなど、草稿とするには十分なレベルです。業務の効率化という意味では、有益ではないでしょうか。

・情報収集

ここまでに紹介したものと比べると、少し精度は落ちますが、情報収集もＡＩが得意とする作業。競合調査や未来調査なども可能です。しかし、ウェブサイト側でＡＩによるクローリングをブロックする設定にしていると、内容を取り込むことができないため、その情報を反映させたアウトプットは出せません。大手メディアを中心に、ＡＩの教師データとして自社記事の活用を許可しない媒体が増えていますので、その点は注意が必要です。

・プレスリリースの作成

もちろんプレスリリースの作成にも使えます。ただし、こちらに関しては一つ留意点があります。プレスリリースを書いてもらうということは、ＡＩに未発表の情報を読み込ませることになります。情報漏洩を含めセキュリティ面において、安全性に不安が残ります。また、出てきた文章もそのまま使えるわけではないので、自社コラムと同様にあくまでも草稿としてのレベル。最後は人間が確認し修正する必要があるので、実際の活用度としては現状ではまだ中程度と言えるでしょう。

これらの業務については、学習情報がすでに多数あり、うまくいく確率が高いです。もちろん、どんな業務であろうと最後は人の目で最終チェックをする必要はありますが、作業量は大幅に削減できるはずです。多忙な広報担当者の皆さんには、日々の作業効率化にぜひ活用していただきたいと思います。

一方で、現時点ではメディアリストの作成は現実的ではありません。世に存在するメディア自体の数も非公開情報も多すぎて、自動でメディアリストを作成するのはなかなか難しそうです。

■ 広報以外の業務での活用

実は、こちらはＡＩが一番得意としているところです。すでに国内外で開発された多くのツールが実用化されていますが、メールの文面や議事録の作成、翻訳などはぜひＡＩに任せていただきたい。特に議事録に関しては約90％の完成度で仕上げられるので、非常に役に立ちます。

ＡＩを活用できる業務は次々と増えています。現時点では１００点満点のアウトプットはできないにしても、バリエーションを広げてくれたり、叩き台になるものを作ってくれたりする。それをベースに修正したり、選択して完成させるだけでも、作業の効率化が図れます。特に、一人で広報を担当している人にとっては、アイデアの壁打ちをする相手としてもＡＩが優秀なパートナーになってくれるはず。まずはいろいろと試してみて、自分の業務に活かす方法を見つけてください。

6-2 入力時に立ちはだかる「プロンプトの壁」

■ プロンプト入力　6つのポイント

ここまでＡＩが広報業務にどのように貢献できるかという話をしてきましたが、すでに活用してみて「実際の業務にはあまり使えない」、そう思っていらっしゃる人も少なからずいるかもしれません。その原因は、おそらくプロンプトの入力法にあったのではないかと思います。というのも、プロンプトをうまく入力できないと、ＡＩはこちらの意図にそぐわないアウトプットを出してくる可能性が高いからです。

ＡＩを活用する際に多くの人がぶつかるのが、「プロンプトの壁」。こちらの指示次第で、ＡＩの出力結果が変わるため、プロンプトの適否が鍵になります。

一般的に言われている「適切なプロンプト」を書く上での留意点は、次のようなものです。

・指示はわかりやすく、具体的に
・参考となる情報は十分な量を
・#などで構造的に
・アウトプットの制限を作ろう
・役割（視点）などを与えよう
・指示出しと修正を繰り返そう

例えば、ＡＩに社内報の企画を考えさせたい場合は、冒頭に次のように入れるといいでしょう。

#依頼
あなたは引く手数多の社内報プランナー。他社事例をもとに、自社（社名）の社内報の企画をいくつか提案してください。

このように、「引く手数多の社内報プランナー」や「敏腕広報アシスタント」など、ＡＩに役割を与えてあげることで出力結果の精度が大きく変わります。

■ 期待の新人「AIくん」をビシバシ鍛えよう！

そして、もう一つのポイントは、ＡＩに学習させることです。どのようなアウトプットが正解に近いのか、過去の好事例などを学習させると、精度は急激に上がります。

学習させる方法としては２つあります。学習事例が短い場合は、次のように他の指示と一緒に入れる形で構いません。

【依頼】＃依頼
〇〇をしてください。
【目的】＃目的
〇〇実現のためにお願いしています。
【学習】＃学習
〇〇が参考情報です。
【制限】＃制限
〇〇文字以内でください。
箇条書きでお願いします。

もし、学習させたい内容が長い場合は、次のような指示を入れるとスムーズです。

#依頼
下記は私が以前つくった○○です。この後、別の○○の作成を依頼するので、構成・トーン&マナーを学習しておいてください。
※学習してほしいだけなので、返信不要です。学習のみにしておいてください。
#学習情報
〜〜〜〜〜〜〜〜〜〜〜〜〜〜〜〜〜〜〜〜〜〜〜〜〜〜〜〜〜〜〜〜
〜〜〜〜〜〜〜〜〜〜〜〜〜〜〜〜〜〜〜〜〜〜〜〜〜〜〜〜〜〜〜〜

「ひとまず学習のみである」という指示を出さずに学習情報を貼ってしまうと、そのままデータを読み込んでどんどん答えてしまう傾向があるので、「これは学習情報であり、返信は不要である」ということを念押ししておくといいでしょう。

この依頼の後に、「#学習情報」として、学習してほしい情報を貼り付けます。長い文章となる場合は、#冒頭、#リード文などと情報の構成を分けておくと理解が早いです。

また、ＡＩによっては、ＵＲＬを指定するとそのサイトの情報を読んで学習したり、ＰＤＦなどの資料をアップロードするとそれを読み取ったりできるものがあります。

このように、ＡＩに「何をしてほしいのか」「なぜ依頼するのか、依頼してどうなりたいのか」「アウトプットする上で注意すべきポイントは何か」などと併せて、「インプットする上で何を参考・分析すべきか」を学習ポイントとして伝えることで、答えの精度に大きな変化が見られます。

ＡＩといえど、広報業務は初体験。初めからこちらの期待通りには働いてくれません。鍛えることで成長してもらう必要があります。ただし、これこそＡＩの良いところ。どんなにハードな研修でも泣き言も言わなければ、パワハラとも思わずにいてくれます。一度習得すればとても頼りになるメンバーです。ビシバシ鍛えて独り立ちしてもらいましょう。

▣ ＡＩは、ヒント一つでこんなに変わる

実際に、学習データあり・なしでどの程度アウトプットが変化するかを見てみます。

試しにＡＩに「入社式のアイデアの例を出してほしい」と依頼したところ、次のような

答えが出てきました。

〈学習データなしの場合〉

・宇宙探検入社式
・時空間旅行入社式
・先輩社員との交流会

どう考えても実現不可能、もしくは逆に普通すぎる内容に偏っており、これでは採用できません。

次に、「こんなアウトプットを求めている」といった例を学習させた上で出力させると、次のように変化しました。

〈学習データありの場合〉

・競合会社同士の入社式
・タイムカプセル入社式
・アドリブ入社式

実際にそのまま使えるかどうかはともかく、イメージできる内容やアイデアとして活用できそうなものが出てきました。このように、ＡＩを活用する上では「学習させること」が大変重要になります。

余談ですが、「実現可能ギリギリのアイデアを出してください」と指定したり、「徳川家康になって考えてほしい」と役割を指定してみると、思いがけない面白い答えを出してくることもあるようです。そういった自分ではなかなか思いつかないアイデアをＡＩに出してもらって、柔軟に考えるのも一つの手と言えるでしょう。

こうしたプロンプトを自分で考えるのが難しい場合には、ウェブサイト上で紹介されているプロンプトの型や例を真似るのもよいでしょう。弊社でも、プレスリリースやメディアアプローチ、分析・効果測定などに領域を分けて、プロンプトの型を紹介しています。興味がある方は参考にしてみてください。

※PRオートメーションコラム「**広報専用！業務に使える生成AIプロンプト文例集**」

6-3 特徴とリスクを理解してうまく使いこなそう

■ 多様化が進む生成AI

AIは日進月歩で進化しており、対話・検索が得意なもの、文章や画像が生成できるもの、動画や音声を生成できるものなど、今日では実に多様なAIが登場しています。

さらに、AIをカスタマイズする機能も開発されており、できることの幅はハイスピードで広がっています。

例えば、ChatGPTの有料版では、「GPTs」というChatGPTをカスタマイズできる機能が登場しました。あらかじめ手順を指示しておいたり、事前に参考情報を学習させたりできるので、これを使えばその度ごとに詳細なプロンプトを入力する必要がなくなります。

また、この機能を使い、自社や競合他社のクリッピングデータを大量に準備しておいて、それを学習させることも可能です。それらの記事を読み込んだ上で傾向を分析し、今後の企画立案に生かすヒントをもらうこともできます。

他にも、デザイン、ライティング、動画などそれぞれに特化したGPTsも続々と登場。スプレッドシートなど他のアプリと連携させることも可能です。このように、ＡＩを活用してできることはハイスピードで増えているのです。

とはいえこういった機能を活用する際に重要になってくるのは、基礎となる学習データ（教師データ）です。例えばクリッピングデータ作成の場合、日付と記事のタイトル、メディア名、バズ数などが一覧になったデータを用意する必要があります。逆に言うと、こうしたデータを用意できなければ、ＡＩの性能を最大限に引き出すことはできません。だからこそ、広報業務もデジタル化・データ化を進めていくことがますます重要になっているのです。

さらに、最近では自律型の〝ＡＩエージェント〟というソフトウェアプログラムができつつあります。これは、あるタスクを与えると、背景の文脈を読み取って次に何をしなければならないのかをＡＩが自ら考え、タスク分解をして進められるものは進めてくれるというものです。

例えば、「数カ月後にＰＲイベントを実施するので、それについての企画を考えてほしい」と指示を出すとします。すると、そのイベントに必要な企画立案やタスクを洗い出し、会場の候補出しまでしてくれるのです。いずれは、会場の予約までこなしてくれるようになるでしょう。現在は人間の広報アシスタントが担当しているような業務をすべて、ＡＩが実行してくれる。そんな時代がすぐそこまできているのです。

■ どんなにＡＩが進化しようとも、それを使いこなすのは人

こうした雑務はＡＩに任せられる時代になるからこそ、広報担当者は企画を考えるところでその真価を発揮していく必要があります。ＡＩにできることはＡＩに任せつつ、広報担当者はより魅力的で、実現可能なギリギリのラインを狙った面白い企画を考える。そういう仕事をすることこそ広報の醍醐味ではないかと私は思っています。

一方で、ＡＩのリスクも理解しておく必要があります。ＡＩのリスクは大きく２つ。アウトプットとインプットで、それぞれにあります。

アウトプットに関しては、著作権の問題が取り沙汰されています。ＡＩが生成したものが著作権を侵害している、あるいはその可能性があるとして訴えられるといったケースがすでに発生しています。しかも、著作権に抵触しているかどうかを確認すること自体が難しいケースも多く、なかなか判断しきれない部分もあるのです。ですから、生成ＡＩでアウトプットされたものを活用する際には、どんなプロンプトで、いつ作ったのか、その記

録を取って管理できる体制を作っておくことが必要です。

インプットに関しては、前述したように入力した情報が漏洩する可能性があること。入力する情報に、個人情報や機密情報が含まれていないかには、細心の注意を払ってチェックする必要があります。

ただしプレスリリースの作成においては、公開前情報を入力することは必須です。こうしたケースでは情報漏洩対策として、セキュリティが担保された生成ＡＩサービスを使うことをおすすめします。現在、安全に使えるＡＩも増えていますが、こうしたサービスを利用する際には、セキュリティ対策の状況やプライバシーの取り扱いを必ず確認した上で活用してください。

ここで知っておいていただきたいのは、安全が担保されているＡＩは、基本的に有料だということです。現在、一部無料で使えるＡＩもありますが、サービス提供側も利用者から入力される情報が得られるからの施策です。そのため、業務で使う場合はセキュリティ面も安心な有料版を使うようにしてください。最新の情報や企業の重要な情報を扱っている広報だからこそ、そこは慎重にならなければなりません。

そこさえ押さえていれば、ＡＩは皆さんの心強い味方になってくれるはずです。ＡＩを最大限活用して、どうぞ広報活動を発展させていってください。

終わりに

私がアメリカの大学を卒業し、日本に戻ってきて働き始めたのは、ウィンドウズ95が発売になる前年のことでした。それからちょうど30年が経過したわけですが、その間にインターネットの爆発的な普及と、それに伴うテクノロジーの変化と浸透を目の当たりにしながら、社会の末端でひっそりと流されるまま生きてきました。そして気がつけば就職当時には予想もしていなかった広報という業務に関わり、さらに当時は概念として存在すらしていなかったSaaSを開発・販売する会社の代表となり、その上こうして本まで書いているというのですから、人生は本当に何が起こるかわからないものだと痛感しています。

この本には、制作会社のウェブディレクター、広告代理店のデジタルコンテンツ・プランナー、PR会社のデジタル担当、そして広報SaaS企業の代表という、一貫してデジタルに関係するキャリアを積んできた人間だからこそ見える景色をまとめました。いわゆるパブリシティ業務を横目に見ながら、ちょっと外側にいたことによって感じた内容がベースになっています。こうした本は今まであまりなかったので、広報関係者に新鮮な視点を与えられる内容になったのではないかと思っています。

本書の執筆にあたっては、多くの方々に協力をいただきました。まず弊社のごく初期からのクライアントでもあり、広報のＫＰＩツリーの掲載を許可していただいた一般社団法人塩尻市観光協会 事務局長の鳥羽和久様と、同郷の仲間で優秀なマーケターでもあり、このＫＰＩツリー作成に携わったＳＳＫプロビジョン株式会社の下村秀博さんには大変感謝しています。また２０２２年に一緒に「効果測定研究会」を立ち上げた雑誌『広報会議』の浦野有代編集長と、その席で講演していただいた社会構想大学院大学の橋本純次先生にも厚く御礼申し上げます。

そして一緒に会社を立ち上げ、苦楽を共にした同志でもある弊社ＣＯＯの雨宮徳左衛門には格別の感謝を伝えたいです。プラップジャパン時代から意気投合し、さまざまな話をする中で、今回の書籍出版にまでたどり着けたのは、間違いなく雨宮さんの鋭い視点があったからです。他の誰でもなく、君と会社を立ち上げることができて、本当に良かった。また第6章については、雨宮さんに加えて野中透、桃井克典という2人の優秀な社員のサポートによって書き上げることができました。こちらも大変感謝しています。

もう一人、慣れない執筆活動ですぐに心が折れそうになる私を常に支え、励まし、助言を惜しまなかった妻のえり子がいなければ、この本は間違いなく書き上げられませんでした。これまでに出会った中で一番素敵な女性と結婚できた私は三国一の幸せ者だと自負してきましたが、今回の執筆にあたっての献身的なサポートには、これ以上何を望めばいいのかわからないくらいです。いつも労いの言葉が足りていないので、この場を借りて日頃の感謝を彼女に伝えられたらと思います。

最後に、ここまで読んでくださったみなさまに心から感謝申し上げます。

この本がみなさんの会社の広報の成果向上の一助になればこれ以上の喜びはありません。

渡辺幸光

プラップノード株式会社 代表取締役CEO

1971年 長野県出身。米国イリノイ大学シカゴ校卒業（宗教社会学）
インターネットの黎明期（1990年代）から複数の制作会社でデジタル関係の制作業務に10年以上従事。その後外資系PR会社や外資系広告代理店などでデジタルプランナーとして勤務し、2014年プラップジャパンに入社。
プラップジャパンでは、デジタルを活用したPR業務を推進する「デジタル事業開発部」を率い、新しいデジタルサービスの開発に従事するとともに、社内のデジタル人材の育成も担当した。2020年3月に「PRのDX」実現を目的として、プラップグループ内で設立された戦略子会社 プラップノード株式会社の代表取締役CEOに就任し、広報業務の自動化・見える化ツールである「PRオートメーション」の開発に着手。2020年12月に発売を開始し、現在までの4年間で大手企業を中心とした400社以上にご利用いただくサービスにまで成長させた。
また2021年から3年間、浦和大学社会学部メディア学科の非常勤講師として「広告・PR論」の授業を担当した経験を持つ。

なぜ御社の広報活動は成果が見えないのか?

可視化・数値化・省力化を加速するDXの進め方

発行日　2024年11月26日　初版第一刷発行

著　者　渡辺幸光
発行人　東彦弥
発行元　株式会社宣伝会議
〒107-8550 東京都港区南青山3-11-13
TEL. 03-3475-3010（代表）
https://www.sendenkaigi.com/
装　丁　山之口正和＋中島弥生子＋高橋さくら（OKIKATA）
ＤＴＰ　次葉
協　力　永島可奈子、神代裕子
印刷・製本　モリモト印刷

ISBN978-4-88335-617-1　©YUKIMITSU WATANABE 2024　Printed in Japan